U0111027

作者簡介

段煦，博物學者、科普作家，曾多次進入極地，足跡涉及南極大陸、北極冰區及斯瓦爾巴群島、東非高原及裂谷帶、南美巴塔哥尼亞、西南印度洋及南太平洋諸島嶼、馬來群島等地，進行博物學考察及研究。

作者聲明：本書照片均為作者本人拍攝，盜用必究

作者郵箱：duanxu2176@sina.com

作者博客：「科學網」實名制博客—博物地理

網址：http://blog.sciencenet.cn/?458

盛夏的北極，是一片鮮花盛開的「海洋」

前言 Foreword

「聽說，有一種特殊的『極地微生物』，它使你一旦進入北極地區，就會染上『北極熱』……這真一點不假。」這是 30 多年前，蘇聯極地動物學家 C. 烏斯賓斯基說的。對於這段話，我曾一直抱以不屑。但萬萬沒想到，雙腳踏上「北極土地」的一瞬間，我就知道，我已狂熱地愛上了這裏而不能自拔！沒有人催促，每天十幾個小時趴在苔原上觀察記錄、採樣分析、輔導學生……完全沉浸在一種莫名的極度亢奮之中。北極的博物世界，是無法想像之豐富，儘管接下來的幾年中許多次從那個世界歸來，都有想寫一些文字來記述一下的衝動，但一直因為各種事務的干擾未能動筆，直到愈來愈多從北極回來的朋友對我說「寫一寫北極的風物吧！太美了，可看來看去，只知道很美，卻不知道都是些甚麼，一路上手頭也沒有一本指南類的東西查閱」。

後來，我到書店裏找了找，發現近年來出版的有關南北極的書籍着實還是不少的，大致分為「考察筆記」、「科普知識」和「極地攻略」三種。「考察筆記」大多是記述科學家和旅行者們在極地旅行中所遇到的故事，而所謂的「科普知識」讀物多是一些翻譯或抄錄自國外或以往的知識文章，這些文字要麼是大家都已熟知的知識，要麼是些在普通的極地旅遊或輕探險活動中不輕易遇到的「科

極地的日子緊張而充實（劉源 攝）

學問題」；那些裝幀精良的「極地攻略」固然有「一書在手，打遍天下」的氣魄，但似乎內容偏重於極地旅行的食宿行和野外生存，而我知道，朋友們想要的指南其實是在極地看動物、植物、礦物和冰川地貌及歷史人文遺跡的一本説明書。碰巧，我在極地的研究課題與「自然環境和人類文化形成」有關，而以上羅列的知識似乎又是我的課題中所涉及的；因此覺得，的確有必要把所知道的極地寫出來，供大家旅行時有一本指南，可指南之類的文字未免太過生硬，而考察筆記又不方便人們現場使用，索性用指南的內容結構，考察筆記似的敘述，再配上我這幾年在北極拍攝的圖片，如果能為讀者解決上述煩惱，那麼，我就太高興了。

由於成書的時間倉促，錯漏之處在所難免，如有不當之處，歡迎讀者朋友批評指正。

目錄 Contents

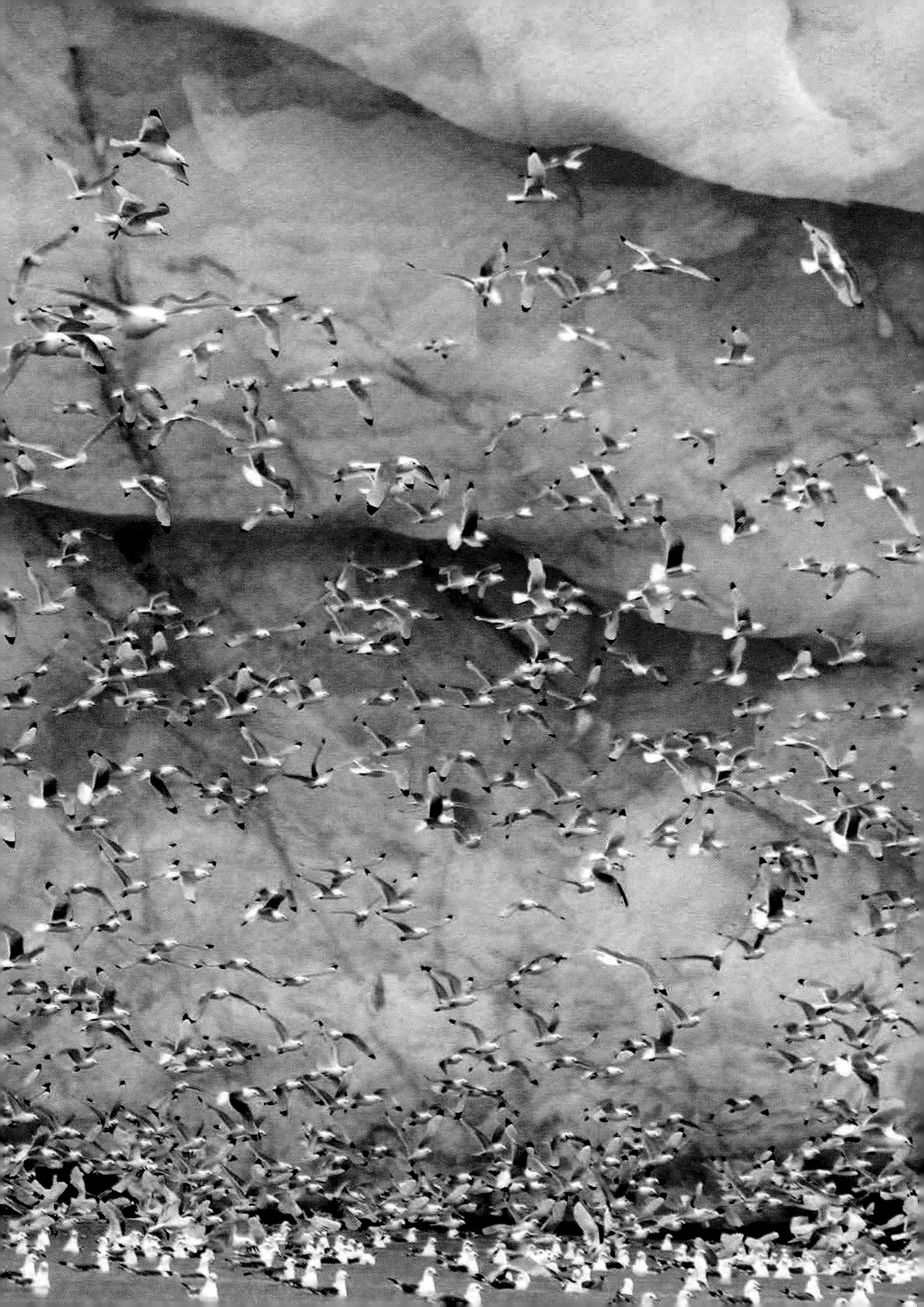

北極的概念

漫步北極，可以先從斯瓦爾巴群島開始，因為這裏既具有北極地貌特色，又適宜觀察極地的動植物，還提供成熟的旅遊探險服務。

在你正準備動身前往這個地方的時候，我建議，你一定先弄清楚「北極」這個名詞的概念。今天，北極，這個詞，一般有四層含義，即北極圈、北極點、北極地區和北冰洋。

北極圈　北緯 66°34′ 緯線圈，這其實是一個假想圈；因為地軸是傾斜的，所以地球在圍繞太陽轉動時，兩極地區總有一部分區域整日得不到陽光，而有些地區又終日陽光普照，這就是極夜和極晝。出現極晝和極夜的區域就在南緯和北緯 66°34′ 和 90° 之間，於是人們就把 66°34′ 的緯線圈定義成極圈。

挪威拉普蘭地區北極圈周圍的景象

北極點　地球的正北方，北緯 90° 緯線圈縮成的一個點。具體位置在北冰洋夏季浮冰區的中部。

北極地區　籠統地説，從北極圈向北，一直到北極點，都可以稱作北極地區。在北溫帶的北部，當出現亞寒帶針葉林（極圈周圍出現的，由那些耐寒的松科、柏科、杉科針葉樹構成的森林）向北極苔原（極圈周圍和極圈內出現的以苔蘚、地衣、灌木和草本植物為主的草甸）過渡的環境特徵時，我們也可以説這裏已經進入北極地區了。北極地區不像南極沒有常住人口，美國、加拿大、丹麥、冰島、挪威、瑞典、芬蘭和俄羅斯都有這樣的北極地區，我們在這個地區所進行的旅遊和探險活動，都可以稱為極地旅行。

雖然這裏地處北緯 63° 附近，在極圈以外，但由於地形與氣候因素，出現了以極柳、矮樺、杜松等北極苔原植物為主的草甸，而周圍的亞寒帶針葉林與這樣的苔原植物草甸呈犬牙交錯之勢，因此可以説這裏已經進入北極地區

北冰洋　是四大洋中最小的一個洋，同時也是最淺的一個洋，即使最小，也有 1475 萬平方公里，平均水深約 1100 米，最深處 5449 米，中心區即使是夏季，也會被厚厚的冰層所覆蓋，北極點就位於終年被冰層所覆蓋的地區，這片浮冰冬季幾乎覆蓋住 80% 的北冰洋，而夏季浮冰也會覆蓋住 60% 以上的大洋。夏季裏，冰層是最薄弱的，乘破冰船可以直抵北極點。這個大洋被歐亞大陸與北美大陸所包圍，佔據了北極地區的核心。

浮冰上的小海象

群島概述

從空中俯瞰斯瓦爾巴群島壯麗的雪峰

在歐亞大陸與北美大陸之間、北大西洋與北冰洋的交匯處，猶如巨大戰艦般「停泊」着一片廣袤的土地，這就是斯瓦爾巴群島（Svalbard）。在整個群島中，斯匹次卑爾根島（Spitsbergen）是其主島，有 39044 平方公里，佔群島總面積的一半以上，整個群島總面積為 62700 平方公里，其他大一些的島嶼有東北地島、埃季島、巴倫支島、白島和熊島，分佈在斯匹次卑爾根島的東側或者東側偏南、偏北的位置上。群島的主權歸挪威王國所有，為其重要的海外領土，首府朗伊爾城（Longyearbyen）在斯匹次卑爾根島的西側。朗伊爾城人口不到 2000 人，以挪威人居多，還有一

朗伊爾城全景

些俄羅斯人。該城是世界最北能夠供人居住的，並且能稱得上「城市」的地方。由於地處極地，基礎建設又完備，因此成為當今北極旅遊探險和科學研究的大本營和出發地。

群島的名稱「斯瓦爾巴」，意為「寒冷的海岸」，由荷蘭航海家威列姆 · 拜倫茨於 1596 年命名。整個群島都在北極圈以內，位於東經 10° 到 35°，北緯 74° 到 81° 之間。西側是格陵蘭海，東側是巴倫支海，南側是挪威海，北側是北冰洋的浮冰區。其中，格陵蘭海和巴倫支海是北冰洋的邊緣海，而挪威海屬大西洋。

在群島上，有 60%以上面積的土地受到嚴格保護。其實整個群島都是一個巨大的極地動物和植物的自然避難所，因為每一寸土地都可能生長有珍貴的極地植物與往來棲息受保護的野生動物。群島多山，山谷冰川在群島的各部分發育，不少地區連成一片，還有一些地方發育出了大陸冰蓋，這裏是除去南極大陸和格陵蘭島以外，唯一能觀察到大陸冰蓋的地區。冬季，全島幾乎所有的土地都被冰雪所覆蓋，但到了夏季，積雪融化以後，從飛機上望下去，你會發現，很多的冰川，尤其是南部冰川，都在退縮，有的甚至消失，露出大面積的冰蝕地貌。冰川退卻後，大部分區域發育成極地苔原，苔原上的大部分植物是地衣和苔蘚，有花的高等植物也不少，大約有 30 多種。這裏的大多數高等植物都靠昆蟲傳播花粉，所以這裏的昆蟲數量也不少，但種類相對貧乏，比較容易觀察到的基本上僅限於鱗翅目的幾種蛾，膜翅目的幾種小蜂，雙翅目的蚊、蠅、蠓等，沒有螞蟻。哺乳動物包括馴鹿（斯瓦爾巴群島亞種）、北極熊、北極狐、海象、各種北極海豹等。鳥類絕大部分是海鳥，如以海鸚、海鳩為主的海雀類，北極鷗、銀鷗等海鷗，暴風鸌是海鳥中的優勢種，此外還有在潮間帶上棲息的鴴形目小水鳥，如各種鷸、鴴等。北極燕鷗是潮間帶上鳥類的代表物種，而在內陸山地棲息的鳥，只有以陸生種子植物和昆蟲為食的雪鵐，和以陸地植物莖葉花果為食的岩雷鳥。

群島上最北最荒涼的海岸——北緯 80° 以北的七島群島

除了大的保護區，就連繁華的首府周邊也隨處可見這種佔地不大的小型鳥類保護地

住在斯堪的納維亞半島大西洋沿岸的維京人於 12 世紀最早到達了這裏，隨後又有挪威人、荷蘭人、英國人和俄羅斯人等對這裏進行過開發。荷蘭人威廉 · 巴倫支於 16 世紀末在群島附近水域發現了大群的格陵蘭鯨，此後的 300 年間，各國便開始了對這裏鯨脂資源的瘋狂掠奪。英國人也曾把這裏作為流放犯人的地方，他們讓犯人在這裏為國家獵獲毛皮獸，據説只要能待滿一年就可以免除死刑；可當時很多犯人寧願選擇絞刑，也決不願意來到這裏受罪。後來人們在這裏發現了煤，20 世紀初至 60 年代以前，採煤曾經是這裏的支柱產業，只是在近幾十年，這項具有污染性質的產業才被叫停，只留下少數幾個礦用來供暖和少量出口。

峽灣風光

由於北大西洋暖流流經這裏，因此這裏夏季氣溫會比相同緯度甚至更南緯度的其他北極地區更溫暖一些，夏季溫度有時會在 7℃以上，並少有極端天氣，加之極地動植物繁多、地貌景觀多樣，極地觀光業逐漸成為這裏的支柱產業，每到夏季，遊人如織，郵輪如鯽；因此，如何保持這裏特殊的極地環境，如何保護這裏脆弱的生態，如何對這裏進行合理的可持續開發，如何緩解遊客增多對自然環境造成的壓力，成為當前和今後一段時期擺在人們面前的重要課題。

但無論我們面臨的任務和問題有多麼艱巨和難以解決，保護極地、合理利用極地資源，無疑都要從積極、正確地認識極地開始。

令人驚歎的旅遊或探險目的地

說斯瓦爾巴群島適宜作極地旅遊或輕探險活動的目的地不外乎以下三點：

斯瓦爾巴群島的主權屬挪威，那裏政局穩定、經濟發達。1925 年，中國在《斯匹次卑爾根群島條約》（又稱《斯瓦爾巴條約》）上簽字，成為該條約的協約國，這是中國近代史上簽訂的為數不多的對中國還有點兒好處的條約。因為這個

朗伊爾城的日晷

條約規定，只要承認該群島主權歸屬挪威，就可以自由出入該群島，在遵守挪威法律的前提下從事生產和科學研究等活動。

地處北極圈深處，極地動植物及地貌景觀豐富多樣。相比北極圈周圍的美國阿拉斯加州，丹麥的格陵蘭島，挪威、瑞典和芬蘭的拉普蘭地區，俄羅斯的西伯利亞北極地區，斯瓦爾巴群島的緯度最高，其他北極地區從北緯 66° 附近的北極圈開始，而斯瓦爾巴群島，一下子就到了北緯 70 多度，相對其他寒冷乾燥的北極地區，這裏卻享受着北大西洋暖流，雖地處高緯，但溫度卻比其他北極地區高得多，夏季多數時間都能保持在 0℃以上。這裏一半以上的地區都是自然保護區，動物和植物的物種繁多，生物多樣性體現得十分完美，夏季到處是花紅草綠、鯨游熊躍、沙鷗翔集的美麗世界。大量候鳥不遠萬里，來此築巢繁殖，繼而使北極狐的種群繁盛。島上有分佈最北的馴鹿群，這裏的馴鹿不怕人，很多個體可以在距離 10 米以內拍攝。北極熊的分佈密度很大，有統計報告稱，至少有 3000 頭北極熊生活在這個群島及附近的浮冰上。整個群島地表受冰川、氣候、地質運動等多方面的影響，地貌類型豐富，海岸線上現代冰川與古冰川遺跡俯

這裏是北極熊的王國

這裏的動物不怕人

拾皆是，不少或寬闊或狹窄但同樣深邃的峽灣可以深入內陸很遠很遠，這些浮冰遍佈的峽灣是整個群島風景最美的地方。

交通方便，配套設施齊全。斯瓦爾巴群島的常住人口有 2000 多人，主要生活在群島首府——朗伊爾城，朗城雖小，但五臟俱全，是一個既傳統又開放的、北歐風格的旅遊城市，由於看慣了外來的旅遊者，這裏的人對外來人的態度很友好。這裏有一個夏季全天候的國際機場，可停靠各種大小飛機，每天從首都奧斯陸或其他挪威城市飛來的飛機在這裏秩序起降；一個深水良港每年夏季往來全球一半以上的北極郵輪船隻；3 家大型星級酒店，既有皇室度假的豪華型，也有全球連鎖的高級型，還有帶自助廚房的經濟型，其他特色小旅館也不少，均乾淨整潔；一大片極地露營營地就在機場附近的海灘上；一家大型超級市場，不管是乾鮮果品、生熟食物、各種調料還是煙酒糖茶，也不管是洗滌用品、內衣鞋襪、小型電器還是家用工具……一應俱全；幾家當地人或俄羅斯人開的酒吧，既可小酌又可飽餐，消磨一下大半個午夜白晝或極光晚間是沒有問題的；一家郵局，可將帶有北極熊圖案的郵票或明信片寄到世界任何一個角落；一家大學中心，不僅是一所專門研究極地各學科知識的高等學府，更可以為初到極地的人提供各種裝備，包括預防大型猛獸用的槍械，並提供槍械的使用教程；此外，全地形車、雪橇犬隻、雪地電單車、遊艇、皮划艇等各種類型的極地交通工具琳琅滿目；還有整條街的戶外裝備用品店，可滿足極地旅客的各種著裝需求。值得一提的是，在整個環北極地區，目前的「大型郵輪極地遊」和「抗冰輪極地輕探險活動」，大部分都喜歡以朗伊爾城作為起點或者終點。有的從這裏開始，或向北環繞整個群島地區再回到這裏，或向南去往冰島甚至蘇格蘭，或向西去往格陵蘭。去北極點徒步的人，也喜歡在這裏乘飛機飛往北緯 89° 的極點大本營。

令人神往的探險目的地

俄羅斯風情酒吧

便利的交通

郵輪碼頭

各種遊樂船隻停靠的小碼頭

隨着愈來愈多的旅遊愛好者將目光從故宮、長城、黃山、黃石公園、馬爾代夫珊瑚礁、歐洲古城……移向更遙遠的極地，如同朗伊爾城、喬治王島（南極洲的一處乘機和登船地點）這樣身處極地，同時又擔負極地「橋頭堡」和「接待站」任務的地方勢必要熱鬧和發展起來，這對極地的環境壓力是空前巨大的。迴避和漠視都是不理智的態度。如何理性地看待極地旅遊，如何正確地運作極地旅遊，如何在有限的時間和空間內把控好對極地的開發，既滿足遊客對極地景觀生態的觀賞需求，又不破壞其環境的原始性……這些都是擺在極地自然與社會科學工作者、極地國家或鄰近極地國家政府部門面前的新課題。無疑，讓更多的極地旅遊者在出發前做足「功

別致的礦工小屋旅社

課」，正確瞭解極地脆弱的生態環境狀態，理解保護極地對我們生存環境的重要性，在極地這個地球上難得的「環境大課堂」接受洗禮，再回到自己生活的環境中樹立熱愛自然、保護環境的意識，是我們目前所能做和必須做的事情。

1

斯島霸主傳

初識霸主

北極熊的行為觀察

儘管已進盛夏，我行我素的北冰洋還是照樣的冷。太陽失去了往日的光彩，彩虹也被「凍」成了白色，彷彿整個世界即將凝固。

一隻在浮冰上的成年北極熊

白虹

北冰洋夏季浮冰

在北京，我，基本算是個「草食動物」，除水果蔬菜和糧食外，豆製品和雞蛋算是主要蛋白質來源。長年的清淡飲食習慣，牛油、芝士、煙肉和肥鵝肝醬這些高脂高熱量的東西幾乎碰也不碰；但是，自進入到北緯 79° 以後，以往被視為「垃圾食品」的東西，卻成了每天早晨的「救命稻草」。

以下是我這幾天早餐時候最常見到的情景：取兩塊 10 克的牛油，均勻地抹在白切片麵包上，撕開 5 克一包的白砂糖撒在表面，再撕開一包，再撒，然後拿另一片「白切」一夾，三口兩口吞下肚去，然後，再取，再夾；幾乎是與此同時，大片的煙肉、熏肉和肥肉灌製的香腸也以同樣的速度消耗着。

儘管，我知道健康的重要，也知道這些「垃圾食品」對於心腦血管的損害；但是現在，我的確靠着它們挺過了每一個寒風刺骨的日子。

告別斯瓦爾巴群島北部最後一小片陸地——七島群島以後，再向北，大船就一頭衝進了北冰洋終年不化的冰海。這裏，藍天不見了，代之以鉛色的陰雲和每日晨起能覆蓋住一切的濃霧。陰雲密佈和濃霧籠罩是北冰洋最喜歡做的兩件事。行經於此的抗冰船在濃霧裏靠着雷達和天上的衛星不緊不慢地沉着航行。在接近北緯 81° 的時候，它開始「顫抖」，並且「顫抖」的頻率愈來愈高，從每小時幾次，到每幾分鐘一次，伴隨着「顫抖」，還可以清晰地聽見從船頭甲板傳來的「哐——哐——」巨響，這就是所謂的「破冰」——船頭撞開冰塊的聲音。

一整天都在冰海裏航行，從一睜眼，就是浮冰，無邊無際的浮冰，時

破冰前進

而連成一片，時而閃開一條灰色的水道。駕駛室裏的顯示器上，大船在電子海圖上留下了一團亂七八糟的航程，簡直就像孩子在一張廢紙上漫無目的地瞎畫。但，此時，從船長到船員，一個個，誰也不說話，除了舵手，都拿着望遠鏡，透過 180° 視野的玻璃窗目不轉睛地搜索。

「甚麼都沒有，甚麼都沒有，只有冰。」一名歐洲船員放下望遠鏡，用英語喃喃地念叨，揉了揉彷彿即將「雪盲」的眼睛，伸了一個懶腰。又是好長一段時間的沉寂。已經搜尋了近 20 個小時了，仍舊一無所獲，幾千噸的鋼鐵巨輪就這麼在冰海裏轉悠，耗費着寶貴的燃油。船長——那個俄羅斯大鬍子，也有些不耐煩了，他終於宣佈：「誰第一個發現目標，就讓誰來開我珍藏的那瓶好酒！他自己想喝多少就喝多少！」「烏拉——」一陣歡呼之後，緊接着又是令人乏味的、無邊無際的沉靜。

「我好像看見一個黃白色的小點在那邊兒移動，移動得很快，一下又看不到了。」一上午都和我趴在窗前觀察的同伴——中國著名魚類學家張春光研究員小聲兒地跟我說。

「那咱們趕緊告訴船長向那邊開呀！」我說。

「不行，太遠了，開過去恐怕也跑了。」他搖了搖頭說。

又過了一陣，一名歐洲船員從窗口緩步走到舵手身邊，指了指斜前方的一片浮冰群，舵手「哦哦」兩聲。船頭開始向他手指的方向偏轉，輪機的轟鳴聲漸漸減弱，看來船開始減速了。他到底看見了甚麼，窗口的人們開始議論，並循着他手指的方向望去；結果，甚麼也沒看到，只有

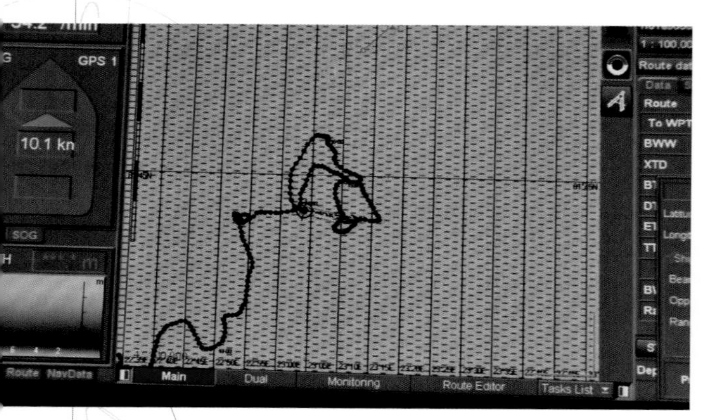

大船在冰海裏畫出的軌跡

發現目標

浮冰區，是夏季北極熊的最佳狩獵地

不盡的冰塊與起伏的冰山。這時，他再次來到窗口，小聲地說「已經可以用眼睛看到了」，人們再度循着他手指的方向望去，還是只有浮冰。「很小的一點，有點發黃……」根據他的指點，再度望去，啊！看到了，一個煉乳色的小點點靜靜地趴在浮冰上。「熊！」、「Polar bear ！」、「белыймедведь!」儘管語言不同，但都傳達出一個意思：我們找到了北極真正的主人——北極熊！

大船小心地撞開浮冰，緩慢地，似乎能感受到牠踮着腳尖兒般地在海上行走。煉乳色的小點兒愈來愈大，漸漸地能看到黑色的鼻子和眼睛了。對於龐然巨輪的臨近，煉乳色的小點兒開始不安起來，它抬起前腳，然後抬起後腳，站起身來，弓着背，朝着駛向自己的龐然巨輪搖晃着腦袋。

甲板上的人愈聚愈多，大家都緊緊閉住嘴向前方張望。那些扛着「長槍短炮」的傢伙們，開始默不作聲地佔據有利地形。我下來得最早，當仁不讓地靠在萊昂納多 • 迪卡普里奧抱着凱特 • 溫斯萊特的位置舉着相機等待着幸福一刻的到來。但堅守這個位置，我所付出的，並不是那極地所特有的、凜冽的海風。我感覺到，在我的前方，大約幾百米的地方有一頭熊，而我的身後，貼在我肩膀和後腰眼上的，似乎有兩頭熊的分量！我回頭一看，一位比熊還強壯的英國探險隊員正舉着超級誇張的「大炮」擠在我身上「very nice」。我怕他長焦鏡頭中的圖像虛化，盡職盡責地充當着三腳架的功用。待我鏡頭的有效範圍視野來臨時，我便不再管他，逕自開始拍照。忽然，我發覺身上的「大熊」忽然變輕了，原來他也意識到了甚麼，識相地挺直了身板，不再讓我分擔他熊一樣的分量，他沖我笑笑，連連「sorry」。

對面的大熊在我們的船剛一調轉船頭的時候，牠就朝這邊瞅，並且不停變換角度，對視、側視、斜視，那個認真勁兒，也不知是「近視眼」還是「雪盲症」，好像怎麼瞅也瞅不明白似的。船開到近前，我們發現，牠不僅用眼睛觀察，還仰起頭，像狗一樣用鼻子仔細地捕捉空氣中的信息。

從個頭兒上就可分辨出，這是頭正值壯年的大公熊，牠的體形可真大，身體大得像堵牆，目測身長接近 2.5 米，體重應該在 500 公斤上下，而成年母熊的身量要比牠小上一半。可能這裏的食物相對豐富的緣故，大熊的毛色透着健康，潔白中帶着奶油的黃色，站在更為瑩潔的浮冰上，就像擺在白瓷盤兒上的一大坨忌廉冰淇淋。以前，我曾經無數次地觀察過北京動物園裏的北極熊，即使是在洗澡之後，也是一種蒼色的白，個頭也小，很瘦。這不是因為北京動物園的飼養技術不好，而是由於溫帶地區動物園裏的北極熊，大多是圈養北極熊之間基因交流的產物，長年的人工飼養與繁育，其外形、食性和健康狀況都有了很大改變的緣故。

讓人感到美中不足的是，這頭大熊哪兒都挺乾淨的，可就是鼻樑到前額的毛是黑黑的，無論從哪個角度拍攝，都躲不過去，剛要感到惋惜，忽然又為牠高興起來。眾所周知，北極熊的毛是乳白色的，可你知道嗎？北極熊的皮膚其實是黑色的，這從牠的鼻子可以看出，北極熊鼻尖上的皮膚是裸露的，你可以看出，牠是烏黑色的，而且鼻樑上的毛比較短，仍舊可以露出黑色的皮膚，夏季的時候能看到一片略微發青的樣子，而眼前的大熊從鼻樑到前額的毛都是黑褐色的，並顯得有些污濁，這裏距海岸有幾百公里，能夠把毛弄髒的東西，就只有食物在臉上留下的血污了，陳舊的血污不正是黑褐色的麼？而且，發現牠的時候，牠正在冰塊的後面呼呼大睡，很多獸類學家都曾發現，北極熊喜歡在飽食後留在獵物附近大睡一覺，然後再去尋找新的目標。這片血污不正在告訴你——「我今天吃飽了」嗎？

看見大熊吃飽，這在今天，是一件多麼令人高興的事呢！原本，斯瓦爾巴群島北緣，是北冰洋夏季浮冰的界限，但在近幾年，夏季浮冰距離斯島愈來愈遠，以至於今天大船開了一整天，才接近浮冰群的邊緣——一塊塊邊緣透明的，破碎的，表面凹凸不平，融湖（海冰表面融化後留在冰面上的水窪）密佈的冰塊兒。在很大意義上，浮冰群，就是北極熊的食堂。

夏季在浮冰上生活的大公熊

嗅覺發達

北極熊的主食——海豹最喜歡在浮冰群上棲息，而北極熊的最佳狩獵地點，也是浮冰群。而今，浮冰融化得愈來愈早，距陸地也愈來愈遠。夏季，北極熊一旦追趕不上，就要困在陸地上，而來到陸地附近棲息的海豹數量極少，並且沒有狩獵的掩體——浮冰（北極熊借助白色的浮冰作掩護接近獵物），獵手一旦暴露，也就標誌着牠將空手而歸。起先，北極熊還能以海邊上的海藻、海鳥、鳥卵甚至屍骨上的殘肉為食，但這些食物能為牠們提供的熱量實在太少了，逼不得已，牠們會到人類聚居的村鎮去翻垃圾箱甚至傷人。近年來，北極熊襲擊人的事件屢見不鮮。前幾天，船到新奧爾松停靠，我們在那裏拜訪了中國北極黃河站，並接上中國極地研究中心和首都師範大學的兩位女科學家上船一同考察。聽她們説，就在不久前，北極熊曾造訪過黃河站：那天一早，一個年輕的男隊員剛一開門，就看到一隻龐大的北極熊站在門口朝他看，嚇得他轉身就把門關上了。那隻熊也曾去了德國站，後來德國電視台還來人採訪過，發現熊的小夥子欣喜地告訴記者，他在窗戶裏拍了影片；但當他把影片播放出來時，卻發現由於手抖得厲害，鏡頭裏居然啥也看不清。

以往在國內觀察野生哺乳動物，不是遠遠地對望，就是一不留神轉瞬即逝，而在這裏看大熊，卻可以離得很近，看得很久；其原因是，牠們是這裏的主人，位於食物鏈的最頂端，這裏一切會動的東西，包括人，都是可以吃下肚去的。因此，對於人，牠們在心理上是不怕的，同時也是很少見到人的緣故，牠們對人充滿着強烈的好奇心，同時，船上攜帶了大量能吃的東西，食物的氣味也會令牠們十分興奮。我注意到，北極熊的鼻子的確比眼睛好使，對於感興趣的事物，牠們總是先揚起頭，伸長脖子，鼻孔一翕一張地嗅個不停……在鼻子收集信息的同時，一雙烏溜溜的小眼睛緊盯着我們瞅，先是站在那裏與我們對視，然後改換角度，但左右每側絕不

冰雪與北極熊

致命邂逅巧化險

野外遇見北極熊該怎麼辦

這個問題，是很多初到北極或者要去北極的人必須面對的。最早，我是在電視裏聽一位扛着機器闖進北極的攝像大哥說的。他曾得到的「權威」答案是，如果你遇見北極熊，一定不要跑，正確的方法是——躺在地上。因為一躺下，牠就認為你害怕了；你害怕，牠就不會攻擊你了。我敢斷定，這位大哥的北極之行，一定沒有親自實踐過這個做法，如果他真的用了這個方法，那他一定是回不了家的。

實際上，站在極地食物鏈最頂端的北極熊，幾乎一切喘氣的東西，都是食物。因此，你不用裝害怕，在北極熊看來，任何喘氣的東西，比起自己，都是害怕的，並且都是食物。我還曾聽到不止一人說過另一個類似於裝害怕的方法，只是其過程更加難受和恐怖。他們說：遇到熊，你可以裝死，屏住呼吸，一動不動地躺在地上，熊只要嗅嗅你沒有生命氣息，牠就走了，因為熊是不吃「死食」的。而這，更大錯特錯了。幾乎所有的熊科動物，不管是棕熊、黑熊還是北極熊，個個兒都是吃「死食」的行家，不僅吃「死食」，而且嗜食腐肉，有的還喜歡「自製發酵食品」，即把肉食隱蔽好，等放臭了再吃，這有點兒像我們中國某些地方的人們愛吃的「臭豆腐」或「臭鱖魚」。

在斯瓦爾巴群島生活、科考和探險，人類所面臨的危險中，排在第一位的，不是寒冷，也不是冰裂縫，而是北極熊的吃人問題。北極熊是吃人的！到北極，請你一定要認清這個問題，不然，後果可能會很嚴重。

在首府朗伊爾城，有很多條規定近乎苛刻，而苛刻背後的潛台詞，都是：當心，北極熊！例如，任何人只要跨過城市邊界，都要帶槍；建築物臨街的大門不能上鎖，以備有人被北極熊追趕時就近避難（北極熊不會開當地建築物的門把手）……

如果你是斯瓦爾巴大學報到的新生，老師教你的第一堂課往往不是專業知識，而是——如何開槍。他還會耐心地告訴你，並叫你牢牢記在心裏——「當在陸地見到北極熊，而此時北極熊也發現了你，你要開槍把牠嚇跑，如果不成功，牠向你撲來，你要在最短時間把牠解決掉……」、「面對一隻向你撲過來的北極熊，要往左前肢上面靠內側的地方開槍才有效，因為那後面是熊的心臟……」、「注意不要向熊的頭部射擊，那沒用，熊的頭骨很厚，足以擋住你的槍彈，並且你會把牠激怒……」、「如果你的槍膛裏有六發子彈，而你打光後還是不能將其殺死（因為運動中的『左前肢上面靠內側的地方』真的不那麼好瞄準），那你要扔下槍不顧一切地快跑，這時你只能指望上帝……」。

如果你只是個普通遊客，在斯瓦爾巴群島所能自由漫步的地方，只有首府朗伊爾城和周邊那麼巴掌大的地方，群島的大部分地方都是不對遊客自由開放的。例如，你想爬山，你要僱當地持槍的嚮導兼保鏢一同前往；你在郵輪或考察船上想在某處登陸，船上的探險隊（執業註冊過的安保人員）會提前踏勘附近是否有北極熊，全程陪護前往，並限定時間。

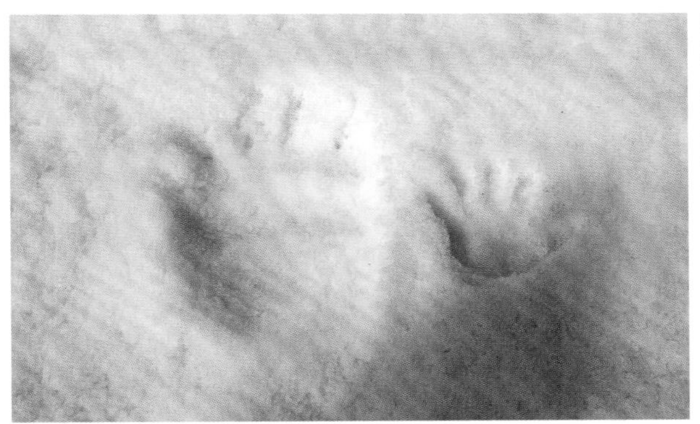
北極熊的足跡和人的手掌印對比

浮冰表面的新鮮熊跡

如果你問我在北極陸地上是否遇見過北極熊、應該怎麼辦之類的話，我只能用我唯一一次與北極熊在陸地偶遇的經歷來告訴你——

那是一個夏季的傍晚，在北緯 78°14′，東經 21°23′ 附近的一個無名高地上，大家都在興沖沖地準備幹自己的活計。我們的考察隊這時在行進方向上出現了分歧，植物生態組説要「拉樣方」，得留在山坡下面數植物；地質組和動物組説山底下甚麼都沒有，得到山上去。在野外，這種事情本來就不算甚麼，咱們考察船上的船員多，保鏢（探險隊員）多，槍也多，一個隊伍留下一個保鏢一杆槍，外圍再多留一圈兒持槍的船員，出發！

於是，地質組和動物組就呼啦啦地朝山上走了。大家又是探冰川，又是找沉積岩，又是尋鳥，忙得不亦樂乎。忽然，有人面朝山下説了一句：

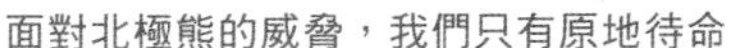

面對北極熊的威脅，我們只有原地待命

即使相隔如此遠，憑藉驕人的腳力，牠只消一會兒就會來到你的面前

「哎，這剛幾點呀，植物組怎麼坐船回去了？」果然，山腳下的衝鋒舟載着那一干人等蕩起一綹子水花朝着大船方向揚長而去。「這幫人，幹這麼會兒就累了，真沒勁！」有人正嘮叨着，「轟——」一聲悶雷般的槍響，還帶回音，這是船員使用的獵槍發出的聲音。「不對，有情況！」嚮導說着就拿起了對講機向山下呼叫，山下回話了，除了嚮導，我們誰也沒聽懂。嚮導叫我們這幫人集合，向山下走。我們誰也沒敢吱聲，乖乖地，一聲不吭地跟着人家下山。其實，大家心裏都猜到了——這一定是「大傢伙」來了……

下到海拔 60 多米，距離岸邊直線距離不到 2000 米的台地時，忽然嚮導又示意我們馬上停下，就地待命！緊接着，「轟——」又是一聲悶響，嚮導又跟對講機裏的哥們詢問了下面的情況。這回他明說了：「在山的那邊，你們看不見的地方，發現了北極熊，其中一頭是成年母熊，就在下面的灘塗上，離我們的船很近；另一頭，未成年，約三歲大，朝山上跑來了……」啊呀！大傢伙不是一頭而是兩頭，我們幾十條壯勞力愣讓人家母子分割包圍了，怪不得植物組那幫人跟兔子似的吱溜兒一下跑了呢！怎麼辦呢？「山下的船員正在放槍，把牠們朝別處趕，你們現在下山坐船正好在母熊的攻擊範圍之內，所以大家在這兒原地待命，等熊走了咱們再走。」熊甚麼時候才走呢？我說了不算，這得看人家對你們是不是感興趣。在北緯 81° 的時候就領教過北極熊的好奇心，那叫一個強呀，能盯着你瞅 40 分鐘不帶錯眼珠的。

時間一分一秒地過去，我聽見有人的肚子都開始叫了，我也開始後悔沒把麵包和香腸帶上來了。「轟——」又是一聲。嚮導忽然拿起望遠鏡朝對面的山梁上看。我們也手搭涼棚地朝對面瞎看。看着看着，忽然看到一個白點兒向着我們這邊跑過來了，白點兒愈來愈大，最後都能看清楚眼睛、鼻子和嘴了，目測從對面山梁的天際線到能看見鼻子和嘴的地方大約有1500 米，這傢伙居然用了不到 2 分鐘就過來了，真的比劉翔快啊！幸虧對面山梁和我們之間隔着一道 100 多米寬的懸崖。聽嚮導說，這是那隻 3 歲大的小熊，但就我們看來，3 歲大的北極熊已經和成年熊沒甚麼區別了，胖墩墩的身體每走一步都會顫一下。也許是不餓，或者因為那道不可逾愈的懸崖，那小熊朝我們這幫人看也不看，徑直地朝着斜上方的大冰川方向走了，不一會兒，就消失在了茫茫的天際線裏。而此時嚮導也收到回話，那頭母熊離開了海岸，朝着對面山上走了。嚮導舉手命令我們「開拔」，哥兒幾個那叫一個瘋跑呀……

臨出發的時候，印象裏曾經有個外籍船員跟我們說：「你們根本不用害怕，這地方已經三年沒有北極熊來了！」現在要是能弄清楚這句話當時是哪個傢伙說的，我非把襪子扒下來塞到他嘴裏不可。

如果，你現在還要問我在陸地上遇到北極熊該怎麼辦的時候，我只能告訴你，在北極熊的領地裏，你要嚴格遵守這裏的各項法律法規，在守法的情況下，即使與北極熊遭遇，只要淡定面對，多數情況下都是能夠化險為夷的。請勿自誤！

一隻在陸地上瞭望的北極熊

與熊有關的一則新聞對話

關注北極熊的生存問題

2013 年的 8 月至 9 月間，忽然有許多媒體記者聯繫我，原因是，英國《衛報》記者在斯瓦爾巴群島看到了一頭死去的北極熊，而這個屍體看似一張「地毯」，這名記者在沒有經過調查研究的狀況下，便「想當然」地把這頭熊的死與「全球氣候變暖」問題拉起了關係，尤其看到死去的熊樣子非常瘦，便炮製了一條「氣候變暖餓死北極熊」的新聞，向全世界播發出來。而湊巧的是，在他報道這條消息的 9 天前，我就在那頭死熊的身邊，並為牠進行了一次較為細緻的「屍檢」，發現事情真相其實並不是那樣的，遂在我的科學網博客——「博物地理」把自己收集的物證羅列開來，誰知其後就是一整月忙不完的「被採訪」。

地毯一樣的北極熊屍體

儘管「被採訪」佔用了我大量用於思考問題的時間和精力，但我始終沒有抱怨；原因是：這件事告訴我，全球氣候變化已成為公眾關注的焦點問題，而這類問題原本也是需要依靠大家都來參與才能令我們賴以生存的環境不至於繼續惡化下去。儘管直到今天，還有很多人，對我所收集的物證和觀點抱以懷疑態度，但愈來愈多的科學家，包括最早發現那頭「地毯熊」的科學家——加拿大阿爾伯塔大學生物科學學院教授伊恩 • 斯特林曾在回答中國記者提問時回答，他對某些新聞媒體引用他的話說這只北極熊肯定是死於饑餓，表示「有點失望，儘管並不驚訝」，但強調「這當然是不正確的」。這令我感到，大多數科學家還是客觀的，在事實證據面前並不是「視而不見」。我把當時在博客和媒體上發表出來的兩篇具有「對話」意義的文章「我眼中的那條北極熊新聞」和「北極熊到底過得怎麼樣」附在這篇關於描寫北極霸主正文的後面，希望親愛的讀者可以憑藉自己的感官來思考應如何尊重客觀世界，並藉此關注這些可愛動物的未來命運。

我和那頭死去的北極熊

我眼中的那條北極熊新聞

離開近極點地區已經有幾天了，這下好了，互聯網又來了。剛剛在百度上看了一下新聞，結果就遇到一張熟悉的照片被炒得很熱，照片的主角是：一隻死去的北極熊。這篇配圖的新聞很簡短，中譯文的發表日期是8月8日（2013年），標題是「關注全球變暖：北極熊被餓死」（不同媒體轉載略有不同），大體上是這麼描述的：「近日，在北極圈挪威Svalbard群島，驚現一隻瘦成毛毯的北極熊屍體，這只本該具有超強大捕食能力的巨型動物，在一場北上搜尋海豹的絕望之旅中活活餓死……專家認為在不遠的將來，由於全球升溫冰融加劇，北極熊無法再在海冰上獵捕食物，牠們都將承受相似的命運……北極熊的生命就是靠海冰進化而來的，牠們要靠海冰捕食海豹，而海冰面積的鋭減使得牠們無處覓食，這就意味着北極熊溺水的可能性與同類相食率的上升，物種數量在普遍減少。」

我發現，關於這隻熊本身的描述很少，但對牠的評論卻很多，並且旗幟鮮明，即歸結於「全球氣候變暖」。以往，遇到我感興趣的新聞，我總會問，真的是這麼回事嗎？因為，我知道，全世界的新聞都是有導向性的，就連標榜自己為「最自由的國家」的新聞，也是有導向性的。所以，在好奇心的驅使下，遇到我感興趣的新聞，我總想知道那些導向背後的真實情況是怎樣的。

湊巧的是，在我離開斯瓦爾巴群島前往冰海的前一天，我正好在這頭北極熊的身邊，得以對牠進行了近距離的觀察和影像記錄。

事情是這樣的，7 月 29 日，當我們的船來到群島主島斯匹次卑爾根島北部的德克薩斯灣的時候，船上的探險隊長烏迪説，附近的岸上有一隻 16 歲大的北極熊死了，我們一會兒可以上去看看。我們問他為何對這隻熊的年齡能有這麼確切的瞭解。他説，挪威極地科學研究院曾經對這頭熊標記過，前不久，還回收了牠耳朵上的標籤。看來，烏迪和他的同事早就知道這頭死熊的存在，並且從挪威極地研究院那裏獲取了所在位置坐標。

我們隨後在德克薩斯灣的一處古冰川遺跡上登陸；那裏如今連冰碴子都看不到了，只留下一片凸字形的海灘，一顆大大的、圓圓的漂礫孤零零地待在那裏。在漂礫的不遠處，就是一座十幾米高的台地，地上開滿了紫紅色花朵的無莖蠅子草，老遠就看見，一張大大的「熊皮地毯」鋪在那裏。

我看到，熊屍的外觀保存得很完整，頭尾軀幹上的毛皮幾乎沒有破損，四隻大大的熊掌上還保存着爪甲。的確很瘦，本該渾圓的熊屁股軟塌塌地鋪在地上，脊柱部分頂着長長的熊鬃高高地屹立着，一副「馬瘦毛長」的樣子。我記得當時的情景，對於這樣一具熊屍，我沒有感到有任何的意外，但還是做了一般性的外部體格檢查和影像取證。因為，像這樣的野生動物屍體在野外，其實並不罕見，有兩個最直觀的證據顯示——這是頭老年動物，並且老得吃不動東西了。

第一個證據是牙齒的磨損程度，這是體現大型哺乳動物年齡信息最可靠的證據之一。我看到，這頭熊的門齒和犬齒磨損得相當嚴重，右上側的犬齒齒尖已經磨損得相當渾圓，而另一側犬齒的齒尖，居然已經磨損得消失殆盡了。第二，這頭熊的爪甲也相當地鈍，彷彿已經很久沒有捕獵和磨礪過似的，這些都是老年動物最明顯的特徵。北極熊，靠長長的利爪和同樣長長而鋒利的犬齒把牠的主食——海豹拖上浮冰並肢解。失去尖牙和利爪的北極熊，無疑不管全球氣候變不變暖，它的結局終歸只有一個：挨餓→消耗自己的脂肪→消耗殆盡後死亡。

健康熊的尖牙

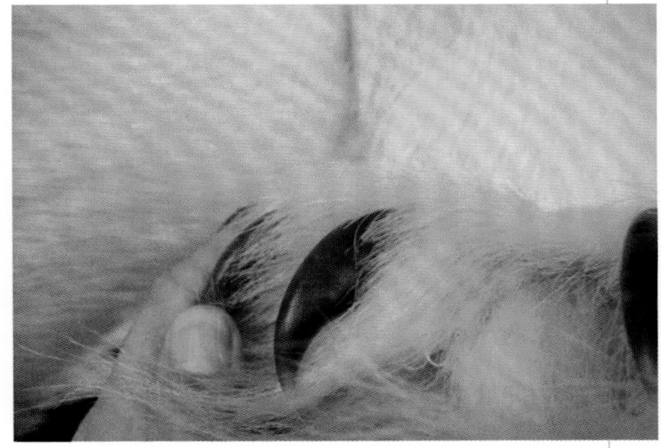
健康熊的利爪

傷殘的牙齒

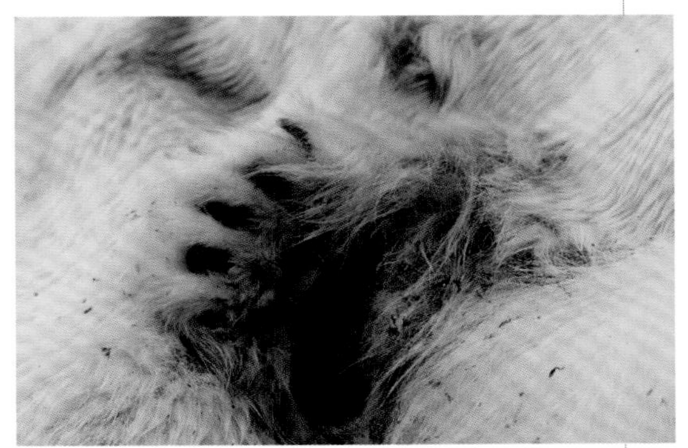
久未磨礪的腳爪

況且，屍體長期暴露在空氣中，內部蛋白質和脂肪總是最先腐爛，看起來會更加瘦並使軀體趨於扁平。即使在極地，腐爛的速度比較慢，但這裏數以萬計的蒼蠅也會很快地把這些「最好吃」的部分先分解掉。在熊屍的一側，我用相機記錄下分別屬不同世代的蒼蠅——幼蟲、蛹和成蟲，還有羽化之後留下的蛹殼；看來，蒼蠅的家族已經在這堆「食物」上生活好幾代了。

在新聞故事的描述中——「一般來説，野生雄性北極熊的壽命都超過

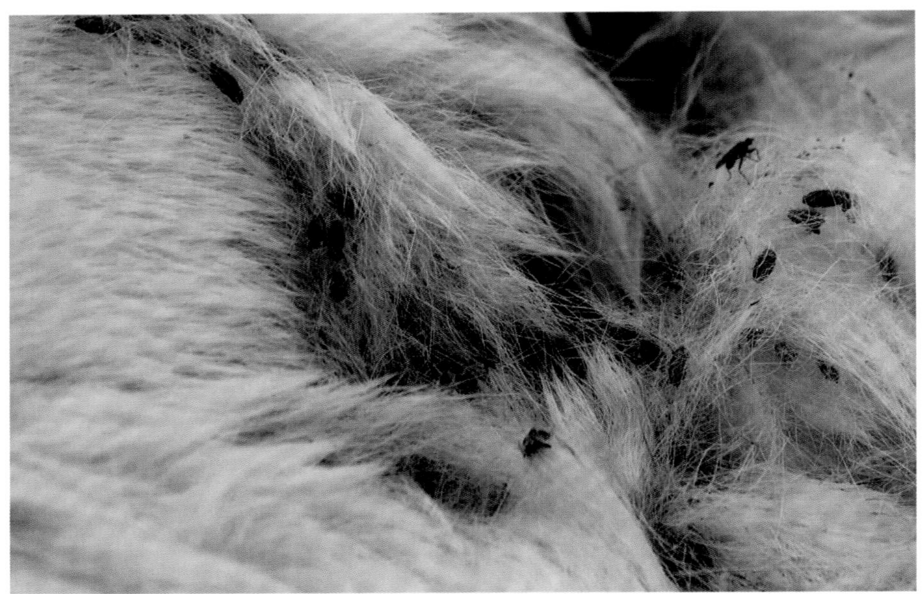

蒼蠅已經在這裏繁殖好幾代了

20 年，過去數年間，科學家都在斯瓦爾巴群島的南方區域捕獲過牠並進行身體檢查，今年 4 月，科學家在同一地區見過牠，當時的檢查結果為健康。可是 3 個月後，人們卻在 250 公里以外的群島北部發現了牠的屍體。」文中無限惋惜它的「英年早逝」。但實際上，在不同地區北極熊的壽命是不同的，這與該地區食物的豐富度有着直接關係。誠然，在加拿大，或者是阿拉斯加甚至是西伯利亞，雄性北極熊可以活到 20 歲，但是在斯瓦爾巴，由於這裏生活相對艱苦，16 歲的北極熊已經算是高壽了，而這個年齡的動物猶如龍鍾老人一般；即使在食物條件並不缺乏的情況下，也是極容易患病並出現「惡病質」（一般由消耗性疾病帶來的快速消瘦）而死去的。因此，筆者認為，年老導致的無法捕獵和進食，加之患病，可能是導致這頭北極熊死亡的直接原因。

在此指出，我並不反對做新聞要堅持自己的導向性。的確，全球氣候正在快速地發生變化，理應獲得關注，從近年來的幾次極地考察中，我有深切的感受。但在描述自然科學的問題上，媒體最好還是丁是丁、卯是卯，先調查清楚再評論的好，不要過於武斷地指出或評論就是這個，就是那個。不然，打錯了比方會錯了意，還不如不說的好。

北極熊到底過得怎麼樣？

前兩天，關於一頭北極熊的死，讓大家在我這裏好聊了一陣。這讓一些熱衷於宣傳「全球氣候變暖」的環保愛好者多少感到有些惋惜，畢竟，我的話給好好一個很有宣傳意義的證據潑了盆涼水；同時，又讓一些擔心熊族命運的動物愛好者稍稍舒緩了一下神經。但，北極的熊們現在到底過得怎麼樣呢？

我去年（2012 年）7 月至 8 月間在北極的考察中，分別近距離觀察到 4 次北極熊，共 5 頭，其中 3 頭在北緯 81° 至 82° 間的海冰上，2 頭是在北緯 80° 附近的斯瓦爾巴群島北部；今年又是這個季節前往北極（與去年到達北極的時間僅相隔不到 5 天），分別 3 次見到北極熊，都是在島上看到的，也是 5 頭，其中 3 頭是在望遠鏡裏觀察到的，2 頭是乘坐衝鋒舟跟上去近距離觀察的。

通過這些年一些紀錄片和新聞媒體的報道，在很多人的印象裏：夏季北極熊體質的好壞主要取決於是否追趕上了退縮至近極點地區的浮冰群，如果追上了，就能吃到海豹，體質就會好；如果追不上，就只能待在陸地上挨餓，體質就會下降，甚至挨不到海冰再次來臨就死了。

難道在夏季趕上浮冰的北極熊營養狀況就都很好嗎？去年 7 月底的一天，我在一艘曾長期服役於俄羅斯科學院的抗冰船上見到了冰海裏一頭很大的雄性北極熊，很胖，脖子很粗，身體像一堵牆，屁股又大又圓。而第二天下午，同樣是那片冰海，我觀察到一隻不足前者一半的北極熊，很瘦，瘦得連脖子下面都已經出現了下垂的皮褶，看來營養狀況不佳。

難道在夏季趕不上浮冰群的北極熊營養狀況就都不佳？今年 7 月底，我在斯瓦爾巴群島最北的七島群島的一片海灘上，用望遠鏡觀察到 3 頭北極熊（1 頭母熊帶着 1 頭幼熊和另 1 頭成年熊）在海灘上踱步，那頭母熊和牠的孩子顯然體力不支，幾乎是拖着兩條後腿在走，而另一隻成年熊倒好像體力尚可，還到沒有一點冰碴兒的海水裏游了好一陣子。而到了 8 月初，我在斯匹次卑爾根島西北角有幸近距離觀察到一隻年輕的雄性北極熊，真是個棒小夥子！牠待在陸地上已經很長時間了，目光炯炯有神，行動敏捷，好奇心強，看起來精神狀況良好，圓頭圓腦，屁股大大，走起路來很有節律地踱着方步，霸氣十足，看來營養狀況良好！

在我 2012~2013 年兩年間遇到的 10 頭熊中，營養狀況良好的有陸地上 1 頭、海冰上 1 頭；瘦弱的有海冰上 1 頭，陸地上 3 頭；剩下的，都是營養狀況中等的。通過觀察，我發現，我所遇到的這些情形，和很多俄、挪、美等國極地科學家長期觀察的結論是一致的，那就是——北極熊的身體狀況，個體之間的差異很大，這主要取決於牠們的年齡和捕食的技能。青壯年而技能強的，體形大，體質好；年齡過小、過老或技能差的個體，體形小或瘦弱。

另外，在趕上浮冰的北極熊群體中，即使大多數個體都有海豹吃，可以長得很胖，但也不能排除捕食技能不如其他熊的笨蛋在浮冰上挨餓；同樣道理，在那些沒趕上浮冰的北極熊群體中，既有餓死的，也會有一些個體另闢蹊徑，依靠海藻、腐肉、魚、鳥甚至馴鹿而活下來的（因為很多進化證據都把北極熊的祖先直接指向雜食性的棕熊祖先），這同時也印證了一個基本規律——「適者生存」。

至於全球氣候變化對浮冰和北極熊之間的影響，那是一個要相對長期的、記錄過相當大比例的個體後才能得出的結論。僅僅因為在陸地上看到一具死熊屍體，就斷定牠們過得很糟；或僅看到一頭熊在陸地上很強壯就斷定牠們過得很好，這樣做出的結論都是片面的。其實我也十分希望那頭死熊屍體可以成為警示全球氣候變化的好教材；但很可惜，通過觀察，發現這樣下的結論比較牽強。沒關係，餓死的熊年年有，這次不是等下次，但如果非要揪住我就這一個個體對整個氣候變化說出個所以然，那我真的不好再說些甚麼了。因為，我的眾多位先生都曾教給我同樣一個道理：自然科學的探索其實是眾多規律的探索，既然是規律，就應該是大多數情況下所遵從的，最怕以偏概全，管中窺豹。

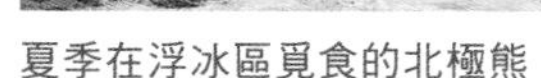
夏季在浮冰區覓食的北極熊

夏季在陸地上覓食的北極熊

全球氣候發生了變化，這是有目共睹的大環境，北極熊的生存狀況值得擔憂，海冰對牠的影響也是事實，每年極地工作者都有大量的影像資料和記錄來説明這一點；我可以負責任地告訴大家，絕大多數的影像記錄和媒體報道都是真實的，毋庸置疑，至於細節，用不着我來重複贅述。但值得一提的是，在大自然裏，從來就沒有甚麼絕對就是這個造成的，或者絕對就是那個造成的這種事發生。動物、植物、人類和環境是一個整體，左右其變化的，是線頭繁多、互相關聯、奇大無比、看不見但又可知的一張大網，我們在研究與自然相關的某個問題時一定要有一隻眼睛處於宏觀的位置上，這也是我經常説的——「以博物的視角看待大自然，以博物的胸懷來容納大自然」。關於氣候變化，其實還有許許多多比那隻死熊更好的案例可以説呀！每一次的極地考察，我都會有無數次的感歎，哦，今年怎麼這樣了，今年怎麼那樣了，今年這個又多了，今年那個又少了，今年又退縮了多少……儘管，這些都不是我希望看到的景象；但，它們又都在眼前出現了。

2

斯島鳥獸誌

能迷倒眾生的一副電眼

北極狐

北極狐

北極狐，只有貓一般大，和歐亞大陸上最常見的赤狐比起來，簡直像個玩偶。試想一下，冬日的北極，小狐狸一身雪白的絨毛，輕盈的腳步，迷離的眼神，回眸看一眼，足以迷倒眾生。但，我卻從來沒看過這樣的情形。因為在北極，我的工作時間一般都是在夏季，而夏季的小狐狸是灰褐色的。

聽我奶奶講，過去北京的旗人冬季講究穿狐皮襖，而穿着一般的草狐、赤狐則屬「未入流」，宮裏和府裏（即皇帝和王公）對穿狐的要求是，言狐者，必穿白、藍、銀、玄四者。年幼時曾接觸過當年前門外做買賣的舊

北極狐冬天的毛色（攝自斯瓦爾巴博物館）

毛皮店出售的北極狐標本

京毛皮商人，他們説，所謂白狐，就是一身雪白毛皮的狐狸，絨毛厚實，毛長，個體不大，小耳朵；藍狐的體形與白狐近似，絨毛和針毛都很長，是一種在一層極其淡薄的白灰毛髮間雜有黑色的針毛，類似於下雪時的天空色，這種皮毛最受王公貴戚歡迎；銀狐是近似於黑色的深灰色，毛間雜有銀白色的針狀毛，大耳，尾端是潔白的；玄狐就是純黑而無銀色毛的銀狐了。從這些言談中看，白狐和藍狐是北極狐的不同色型，白狐是原色型，藍狐是北極狐的灰色變種；而所謂的銀狐和玄狐不過是赤狐的「黑化」個體（黑化與白化個體都是基因突變的產物）。由此看來，對於北極狐，中國人其實並不陌生。

中國人得到的白狐、藍狐皮張應該都是來自北極獵人之手，歐洲和美洲的北極國家曾在 19 世紀大量獵殺北極狐銷往全球，在清代宮廷中的服飾藏品中，這些動物製品是不難見到的。

初到北極時，曾不止一次在朗伊爾城那片泥濘的灘塗上看到過北極狐梅花般的腳印，感覺牠們就在我身邊。及至後來我的學生告訴我，在旅館的暖氣管道下面看到了兩隻灰褐色的小狐狸，我便再也坐不住了，在認為是小狐狸應該出動的時間——深夜（夏季，即使午夜，也如同白晝）到各個自認為可能藏小狐狸的地方去找。功夫不負有心人，正在我即將後悔沒去睡覺時，下意識地直起腰，抬頭看了看朗城東側的山坡，我發現在海拔超過 100 米以上的地方有一個移動速度很快的小動物，忽然一閃，在一塊突出的岩石後面不見了，難道那裏是牠的家？於是乎，我開始爬山，朗城東側的山體發育有厚厚的凍土苔原，起步的時候觸腳感很軟，但愈往上走，

雪地上留下的北極狐腳印

岩石上的鳥蛋是北極狐搜尋的對象

苔蘚層愈薄，及至後來，就全是硌腳的碎石了。因為怕碎石滾落，繞了幾次道，最終小心翼翼地來到曾在山下目視的岩石，果然發現了動物痕跡。

這裏是一處進食場所，岩石在這裏向內凹陷下去，形成了一個帶頂棚的山窩，地上是厚厚的、柔軟的禾草與苔蘚，散落着馴鹿的毛和帶血的遺骨，殘食的旁邊，是一坨糞便，呈白色，裏面夾雜着馴鹿毛；沒錯，是北極狐的。看來，北極狐曾把馴鹿的殘骸叼到這裏進食。馴鹿可能是自然死亡（此時非狩獵季節，此前也沒聽説有北極熊來這裏攻擊馴鹿），北極狐是這裏動物屍體的分解者和清潔工，這樣唾手可得的肉食自然是不容錯過的。

接下來的工作顯得異常順利。第二天一早，我重新回到灘塗上工作的時候，一隻小小的、灰褐色的北極狐正踮着腳尖在泥地上走路，身後留下了一串長長的「梅花」，可能是跑到了北極燕鷗的巢區，被兩隻燕鷗追逐得一溜煙兒地不見了。而後的幾天，幾乎任何時間段都能見到踮起腳走路的小狐狸。牠們有的在山坡上尋食，有的在灘塗上碰運氣，還有的會跑到懸崖上去。看來，夏季是小狐狸最活躍的季節，牠們一天到晚都在忙碌。這是為甚麼呢？原來，北極的夏季特別短暫，數以萬計的海鳥要搶在冬季到來之前完成交配、產卵、孵卵、育雛的全部任務，牠們的巢區有的在灘塗，有的在山坡，有的就在懸崖峭壁邊；這時候的鳥蛋與雛鳥堪稱大爆發，小狐狸每天往來於這些地方，吃也吃不完，不過也不要緊，牠們會把多餘的肉藏起來，以備冬季從雪下面刨出來食用。因此看上去，牠們總是來也匆匆去也匆匆，總有忙不完的事情似的。

北極狐剛剛在這裏肢解了一隻三趾鷗

北極狐的進食場

巉岩間的空隙是北極狐棲身的地方

含有毛髮，這是食肉動物糞便的特徵

夏季尚未褪去冬毛的北極狐

值得注意的是，斯瓦爾巴群島，地域遼闊，跨越至少 6 個緯度；從北至南，有幾百公里，氣候也是愈靠近極點愈冷，在同一時間段內，北極狐換毛的情況也有很大的不同。以 7 月末為例，我在主島——斯匹次卑爾根島北部的海雀山曾見過尚保存許多冬毛的灰白色北極狐，而 3 天後來到這個島的南側，卻發現那裏的狐狸早就是一身灰褐色的「夏裝」了。因此，我認為，如果在每年 5 月末來到該島，既能夠看到「冬裝」的北極狐，也能夠看到「夏裝」和換毛過程中的北極狐，然後根據緯度、溫度來畫一張這個地區、這個時間段北極狐換毛的圖表出來，等積累的年頭夠多，一定能揭示出極地的氣候變化情況，那可真是件有意思的事情呢！

夏季北極狐的毛色

海中的長牙先生

海象

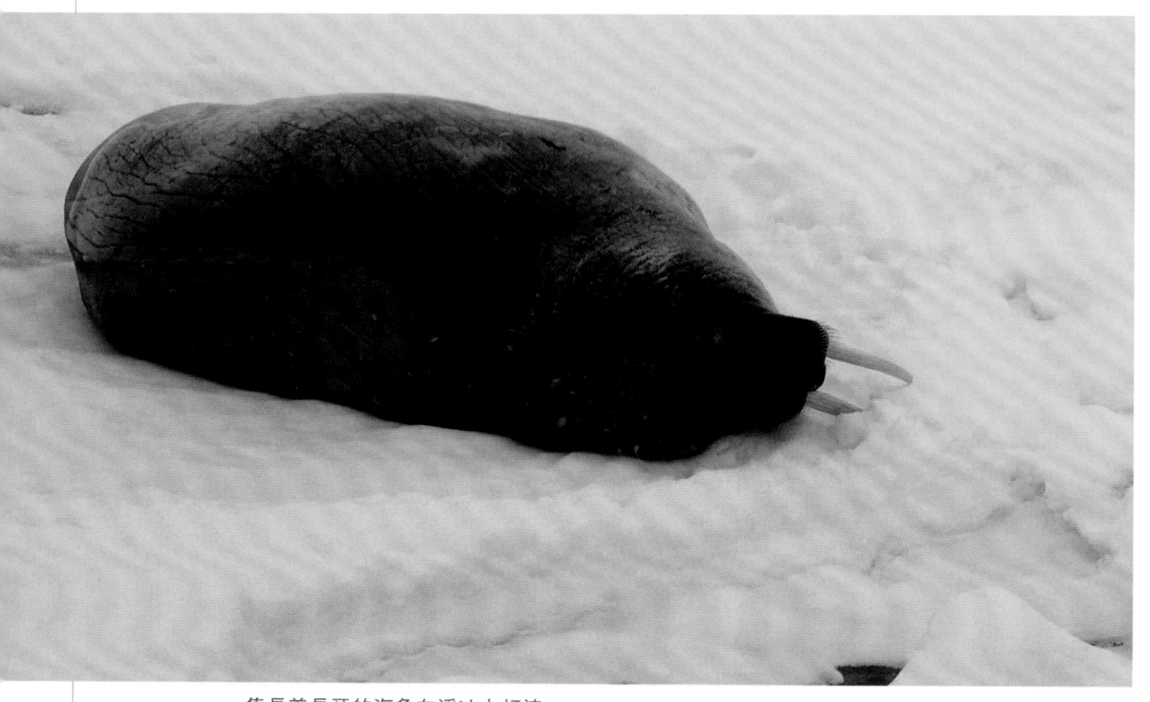

一隻長着長牙的海象在浮冰上打滚

每天兩次的考察登陸，讓人精疲力盡！因為每次都得是如下一套流程：穿羽絨服——穿救生衣——穿水靴——戴帽子——戴手套——拿裝備，除了帶長焦「大炮」以外，還要拿齊望遠鏡、地質羅盤、本子、GPS 和尺子。翻一下「我不在船上」的牌子，然後去排隊、上衝鋒舟……

話説這天正在衝鋒舟上「沖風」，那風可真冷，「刮得跟小刀子似的」，可氣的是，那幾個穿得少的考察隊員還添油加醋地跟我説，這羽絨服呀，穿在身上就像光膀子穿了件「塑料的西裝」似的！大家都像烏龜一樣縮着頭，就那麼縮着，一直縮着。忽然，不知誰喊了一句：「鯨魚！」還沒等大家把領子裏的腦袋伸出來，不知是誰又喊了一句：「海豹吧？！」這時候大家的腦袋都伸出來了，朝着手指的方向望去，一個長條狀的黑影兒在起伏跌宕的浪花兒裏一沉一浮。忽然，那傢伙的腦袋露了出來，前方很臃

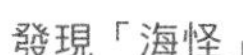

發現「海怪」

「海怪」噴出水霧柱

靠近「海怪」

「海怪」下潛

腫，呈現出一個鈍鈍的直角。「是抹香鯨，我看見了大腦袋！」、「不對，抹香鯨比這個要大，是巨頭鯨！」、「我怎麼看着還是像海豹呢？」 群體內部開始內訌了，「要麼是海怪吧？！」 、「扯——」這回一致找到打擊目標了。忽然，那傢伙的頭部噴出一股好幾米高的、傘狀的水霧柱，還聽到一聲清晰的「噗——」。「沒錯！是鯨，一定是巨頭鯨！」……

衝鋒舟距那個傢伙近了，開始有人用「大炮」精確「打擊」了。「我拍的照片放大之後看見那傢伙長鬍子啦！一定是海豹！」 、「我拍到牠噴水啦！一定是巨頭鯨。」這時，衝鋒舟距離那傢伙的距離更近了，似乎是為了對我們的到來表示不屑，牠高高地抬起頭來，哦，原來是滿臉的大鬍子，下面還長着兩根長長的牙！「嗨！原來是海象呀！」這回，再沒有人提出異議了。

「海怪」——海象

玩笑開過，回到船艙，我把學生們聚集到一起，在桌子上找了張餐單，對折兩次，打開的時候正好被分成四個小方塊兒；我一面在背面隨手畫，一面開始講起我的一點見解。我説，有可能別人不大注意，或者是我孤陋寡聞，從烏賓斯基到卡林頓 • 雷，以前我從來沒在任何文獻和記錄中看到過海象在游泳時能向上噴出兩米以上高度的「水柱」。粗粗看來，好像「這沒甚麼大不了」的，不過是游水時的一個小動作罷了；但是，在我看來，這卻非同尋常，我認為這是半水生哺乳動物（除休息、產仔和交配在陸地上完成外均生活在水中，例如海象、海豹、海獅等）向水生哺乳動物（除擱淺外，終生不上陸地，如鯨）進化的一個良好證據。鯨，是水生哺乳動

海象在水中噴「汽」

鯨豚類哺乳動物（虎鯨）在水面上噴「汽」

物的代表，牠的進化特徵之一是：鼻孔從頭部的正前方向正上方發生了位移，原本鼻孔也是像牛、馬那些陸生哺乳動物那樣有一個突出的吻部，吻部的尖端是鼻，鼻孔的開口在鼻的正前方；後來為了游泳時呼吸方便，漸漸把鼻孔移到了頭頂上，並把呼「氣」這一表像演化為噴「汽」，在這一進化過程中，肯定存在過一些具有「中間過程特徵」的動物物種，但可惜這些「中間動物」後來都滅絕了，只剩下改變了的後代——鯨豚類動物而已。而我現在忽然驚喜地認為，海象在我們眼前所呈現的這一幕，恰恰是半水生哺乳動物向水生哺乳動物進化的一個例證。你看，與那些不存在向天空噴「汽」行為的半水生哺乳動物——海豹（從來沒有任

想像中海象祖先的樣子

海象現在的樣子

想像中海象今後的樣子

何文獻記錄海豹有這一行為，並且在南北極的考察和航行途中，我曾經數十次觀察游泳中的海豹，也不曾觀察到這樣的行為）相比，海象的鼻孔可比海豹鼻孔的位置高多了——海豹的鼻孔在眼睛的下方，而海象的鼻孔幾乎與眼睛相平行，並且開口斜向上方。這樣的鼻孔已經具備像鯨魚那樣在游泳中進行「噴汽式」呼吸的資質了。

海象的鼻孔位置（斯瓦爾巴博物館標本）

在此，我自認為這是一個「很重要」的觀察結果，如果接下來你們想進行進一步觀察和研究的話，相信會有一些新發現。

海象的頭部

與大鬍子水手相遇

格陵蘭海豹、環斑海豹、髯海豹

海豹是所有動物園和水族館裏都討人喜歡的動物，牠們甚麼也不用做，只要在池子裏悠閒瀟灑地游啊游啊，就這麼不知疲倦地游下去，就足以逗得觀眾們樂上半天的了。在國內觀察動物的時候，我從沒見過野生海豹，因為中國只有一種土生土長的海豹——斑海豹，但牠們只生活在最偏遠的海島上，且所剩無幾。來到北極，第一次近距離地接觸到野生海豹，卻是牠們在毛皮店出售的樣子。

海豹皮製作的成衣

這件衣服所使用的毛皮帶有環狀的斑紋，無疑是屬環斑海豹的；這個手套套口上鑲嵌了一圈白色的針毛毛皮，應該是不到一個月大的鞍紋海豹的；而架子上出售的整張毛皮中，鞍紋海豹、灰海豹、格陵蘭海豹的皮毛正待價而沽，從毛皮大小看，這些海豹的體長一般不超過 2 米……

沒想到，初次見到北極海豹，竟然就是這樣帶有悲情的一幕。第一次進入冰海，看到了不少北極熊，而那次記憶中唯一一次看海豹的情形就是在遙遠的浮冰上趴着一條黑影，而大船還沒有靠近，牠就鑽進水裏不見了，我真就納悶，毛皮店裏怎麼就有那麼多海豹呢？

在後來的幾年裏，出海的次數多了，我開始在這一海域愈來愈多地接觸到北極海豹，其中格陵蘭海豹和環斑海豹是最常見到的，每個考察季都能見到十幾次。

好奇的格陵蘭海豹朝我們的衝鋒舟游過來

格陵蘭海豹

第一次見到格陵蘭海豹是在 2013 年夏季，那是在北緯 80° 以北的夏季海冰邊緣，閃亮的銀

水面上升起一個小腦袋

環斑海豹瞪着烏溜溜的大眼睛在船舷一側看我

灰色「光頭」從海水裏冒出來，就着水汽，朦朧中默默地望着你，在與你對視的一剎那，又羞澀地消失，而不到兩秒，在另一個方向又冒出頭來……一共觀察到十幾個個體，看來這種動物是集小群活動的，喜歡在浮冰上休息，好奇心很重，這是我對牠們的第一印象。2015 年，我又到達這片海域，北緯 80° 的七島群島，那天我正在船艙裏組織開會，忽然看到舷窗外面被浮冰包圍的一片藍色水域裏露出幾顆銀灰色的小腦袋，這不正是兩年前看到的格陵蘭海豹麼？但等我宣佈散會跑去觀察時，牠們已經消失得無影無蹤了。

環斑海豹

著名的，背上有着一圈兒一圈兒環狀斑紋的環斑海豹，則更多棲息在海水暖一點兒的北緯 80° 以南的峽灣裏，我曾在烏德峽灣的鴨之島海域考察海鳥的時候遇見過十幾頭個體，牠們比格陵蘭海豹大方不到哪裏，雖然會離你的衝鋒舟稍稍近一些，但露出水面的部分一點不比格陵蘭海豹多。

雖然也有過幾次與斑海豹、灰海豹等其他幾種北極海豹接觸的機會，但觀察效果都不盡如人意。我認為，在斯瓦爾巴群島，最容易觀察，且觀察效果最好的，當屬髯海豹。

一隻在礁石上休憩的環斑海豹

鬚海豹的體形很大，超過 2.5 米的個體也不在少數

鬚海豹

首先，鬚海豹在這裏為數眾多，遇見的概率也大；第二是牠不太怕人，也不太在乎衝鋒舟和輪船的靠近；第三是體形大，很大，2 米到 2.5 米甚至更大的個體不在少數，體重常常超過 400 公斤（是斯瓦爾巴群島能觀察到的體形最大的海豹），牠很容易被發現，很多時間都喜歡待在覆滿積雪的浮冰上睡覺，即使被輪船低沉的激水聲音所打擾，也只睜開一隻眼看一看，只要不停船，大有此處井水不犯河水的架勢。如果你的船能在離牠兩三百米的地方關閉馬達，靜悄悄地靠過去，在距離大約 50 米的地方靜靜地看，一般是有 15~20 分鐘的觀察時間。「近」和「爭取相對長的時間」是觀察和拍攝野生動物的「硬道理」，近距離地觀察，你會發現，鬚海豹最值得觀察的地方突出一個「鬚」字，牠是海豹中的「美鬚公」，有一嘴漂亮的俾斯麥式鬍子。俾斯麥式，真的太像了！不僅整齊地分成兩撇上翹，而且關鍵的幾根到了末端還得像發條似的捲出卷兒來。有時，那些卷卷兒上還沾着積雪或水珠，那拍攝出來的效果絕對一流。但，如果你看到有一

隻髯海豹，鬍子不再上翹而略顯凌亂，關鍵的幾根兒也不再打卷而是像抻開的鐵絲，那牠一定是一隻老年個體，不禁讓人有「秋葉凋零，時日無多」之感。因此，鬍子的狀況，也是判斷髯海豹個體年齡和是否健康的一個標誌。通過這樣有質感的大鬍子，我們也可以初步判斷出牠的食物主要以底棲生物為主——鱈、鰈、杜父魚等深海魚類、甲殼類及海床上的軟體動物。和海象毛刷狀的鬍鬚一樣，這種敏感而有質感的鬍鬚其實是適合在黑暗海床上搜索食物的傳感器和探測器，美麗的大鬍子一方面證明牠的營養狀態良好，另一方面也能證明在群體裏，牠是一個出眾的獵人。

多數髯海豹頭部的毛色發黃

一隻髯海豹悠閒地趴在冰川前緣的冰山上

海面上的噴泉

藍鯨、長鬚鯨、白鯨

在到北極之前，龐大的巨鯨，我是見過的。因為對於在極地的工作，我是先去的南極，後來才來到北極的。南極海是全球鯨類的「大本營」，這話一點兒也不誇張，因為在南半球的夏季，全球近半數以上的鯨都會聚集到南極或亞南極海域享受一年一度的磷蝦大餐；這期間，以磷蝦為食的大型鬚鯨類一馬當先，而尾隨前來的，還有大量的齒鯨。許多人告訴我，南極海的夏季可以觀賞到亙古體形最大的動物——藍鯨，這當然是我的期待。但是，在南極海的一段日子裏，我卻一條藍鯨也沒看到，倒是把喜歡親近人、愛表演的座頭鯨看了個夠。

一頭藍鯨在水面上換氣

藍鯨

第一次到北極來，乘坐了一艘大抗冰船，並且深入到夏季浮冰區，北極熊倒觀察了不少，鯨卻一條也沒看見。這使我感慨，北極並不是觀鯨的好地方。但自從第二次到北極以來，我的好運氣來了。在接下來的每次北冰洋航行中，我幾乎都能觀察到鯨，並且都能觀察到亙古第一巨獸——藍鯨。這，使我修正了以前的觀點。

「轟——」的一聲，在王灣以西的洋面上，我看到一股陡直的、巨大的水柱，像霧一般地散去。鯨！鯨！甲板上的人沸騰起來，每個人都緊盯着一條長長的背脊漸漸沉入水面。「轟——」另一個方向又是一聲，「轟——」另一方向還有！「原來還不止一條啊！」根據在南極的經驗，至少有 3 頭巨獸在如此近的距離，並且不在一個方向遊弋，説明這片海域有魚群或磷蝦團，牠們正停在這裏捕食，可以好好觀察一段時間。果然，船長把輪機停了，大船靜靜地漂在水面上。通過望遠鏡，我看見眼前出現的這種鯨有一條長長的背脊，露出水面的部分是一種斑駁的藍灰色，儘管沒有像座頭鯨那樣表演般地在海面上躍身擊浪，但牠向水面下俯衝的一瞬間，在背脊的後 1/3 處，露出了一個短小的，猶如乳突狀的背鰭，完美無餘地暴露了牠的身份。沒錯，是藍鯨！

成年藍鯨的體長可以超過 22 米（過去記錄曾有超過 30 米的，但現在幾乎沒有那麼大的藍鯨），大小相當於一架客機的機身。遊弋在整個北大西洋及其以北的北冰洋所屬邊緣海——格陵蘭海、巴倫支海的藍鯨，在

藍鯨的背脊

20 世紀 90 年代以前的説法是幾百頭；但現在我所遇到過的很多海洋生物學家都相信，藍鯨的北大西洋種群絕不會超過 100 頭，並且還在下降。在工業革命初期，藍鯨這種大型鬚鯨可能是最大的工業原料和燃料的「生產基地」，在新興的工業領導者階層看來，一頭巨鯨，那簡直就是一座「油山」或者「蠟山」，那時石油和石化製品還並不普及，鯨脂和鯨蠟相當於今天石油的位置，而鯨鬚則相當於今天的塑料。因此有人説，英美等西方諸國的工業革命，實際可稱得上是一次「騎在鯨背上」的革命。

藍鯨的尾鰭升揚動作

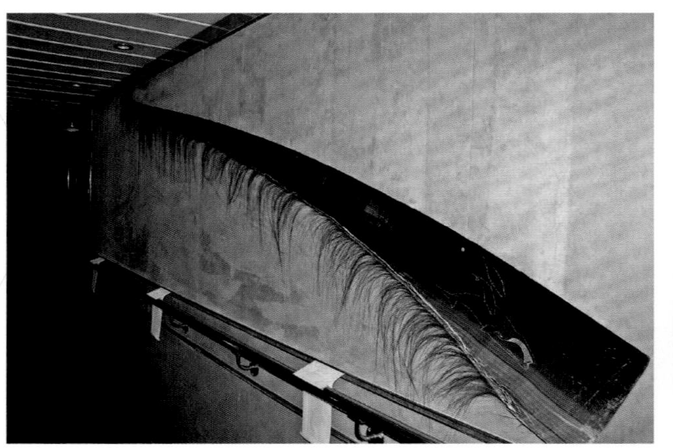

大型鬚鯨的鯨鬚

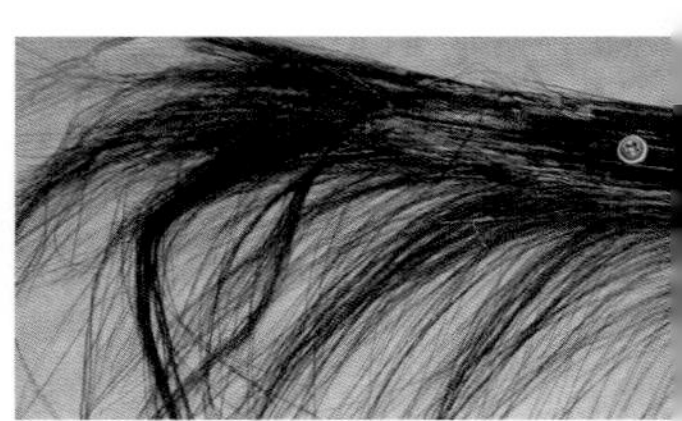

鯨鬚細節

由於人類將近兩個世紀的大肆濫捕，這種被尊稱為「巨北方鬚鯨」的藍鯨亞種正在我們的地球上迅速消失，目前的數量已不足工業革命以前的1%，而使之數目還在減少的原因不僅僅是某些國家商業捕鯨的行為還在繼續，所有海洋哺乳動物都在面臨的海洋污染、食物和棲息地的喪失、種群的退化所體現在這種體形過於龐大的海洋動物身上的災難，還要翻倍。因此，與我同行的科考夥伴們在北大西洋或北冰洋見到陡直高聳的「噴泉」時，都會說：「哦，好啊，又看到牠們了，還有希望嗎？還有希望！」

長鬚鯨

在觀察藍鯨的時候，有時候也會錯擺烏龍；因為在群島以西寬闊的北冰洋洋面上，還有世界排行第二大的動物——長鬚鯨「神」一樣地存在着。錯擺烏龍的原因，是長鬚鯨在體形上和藍鯨幾乎並無二致，遠距離觀察時，幾乎無法辨別，還好，牠們之間最大的區別還是那個小小的背鰭——猶如光滑鋭利的半輪弦月。同樣容易混淆的還有塞鯨，而塞鯨的背鰭更加高聳，進入北冰洋的概率比上述兩種鬚鯨要小。

長鬚鯨的背鰭比藍鯨高且直

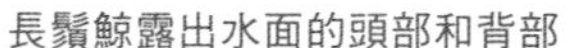

長鬚鯨露出水面的頭部和背部

一頭即將下潛的長鬚鯨

每一個觀察長鬚鯨的人幾乎都想把噴射水霧的一剎那收入鏡頭；但大型鬚鯨往往是由水中上浮的一剎那便呼吸噴水，而長鬚鯨的一口氣，又能憋得老長老長的，潛得也很深，讓人難以捉摸牠的水下行蹤，又很難猜測上浮的位置，也就意味着很難在牠噴「汽」的一瞬間按下快門。而我發現，這些巨鯨在北冰洋上取食的時候，有一種小小的鳥，往往能暴露鯨頭所在的位置。牠們就是成群在海面上飛舞的三趾鷗。由於天空中的三趾鷗能看清楚巨鯨在水面下的輪廓，牠們會非常精準地在巨鯨頭部位置的上方飛成一個集群，待鯨吻上浮的一剎那，伺機捕食被海水帶上的小魚和磷蝦等浮游生物。因此，想觀察巨鯨上浮全過程的話，你的眼睛就不能只搜尋海面，要盯住天空中的鳥群，一見鳥群在空中出現懸停的跡象，就要馬上將望遠鏡或相機鏡頭下移至海面，巨鯨的噴「汽」往往會逮個正着。

白鯨

我在北極最奇妙的一次鯨類觀察是在 2015 年 7 月 3 日下午，當抗冰船航行至伊思峽灣西口的時候，突然海面上浮動起片片白斑，當確定那不是浮冰時，大家幾乎都忙不迭地放下自己手中的活計跑進船艙拿各自的攝影器材。16：03 的時候，船頭靠近白斑密集的區域，我注意了一下當時的坐標，北緯 78°06′、東經 13°12′ 附近，那些白點正在緩緩向西側格陵蘭海的方向快速移動。我抑制不住內心的激動，登上船頭制高點——瞭望台的頂端，通過望遠鏡數着點點白斑的個數，「船的一側是 22 頭，另一側是 18 頭，還不止，整個群體應該在 40 多頭。」、「白鯨！白鯨！」各種語言都在喊一種動物的名字。就連具有豐富極地航行經驗的俄羅斯籍船長，和有着百餘次極地探險經驗的丹麥籍探險隊長也感到不可思議，「不可思議的時間、地點，意外地出現了白鯨群，數目還這樣龐大，不可思議，不可思議……」

一小群白鯨在水中遊弋

在斯瓦爾巴群島海域，人們曾樂觀地估計該地區的白鯨數量在 5000 頭至 10000 頭上下，但目前看，這個數被過度誇大了。根據每年夏季在該海域周圍的白鯨活動看，只是零星觀察到而已。此次觀察到如此密集的白鯨群，在該海域，仍然是令人欣慰的。這群白鯨因何原因遷徙至此，目前尚不清楚；但食物肯定是重要的原因之一，這可能與當年北冰洋鱈魚的漁汛時間改變有關，要真是這樣的話，是否又預示着我們沒有發現的氣候變化事件正在發生呢，我們拭目以待。

白鯨換氣時噴出的矮小水柱

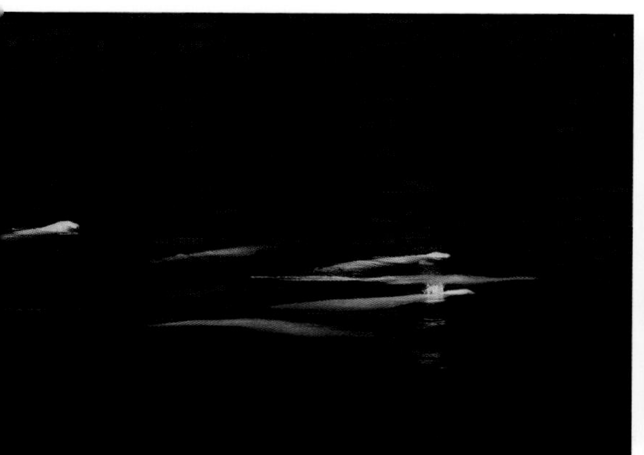

白鯨的背部有北極熊抓傷的痕跡

苔原的主人

馴鹿

馴鹿，就是給聖誕老公公拉車的那種動物。

極地考察，豐富而豪爽，豐富的是可調查的內容非常多，豪爽的是，從事野外工作的人一般都很豪爽，工作了一天，晚間回來，又冷又乏，吃飯的時候就喜歡同伴間推杯換盞地喝上幾口，一來暖和暖和身子，二來舒緩舒緩筋骨，三來準備待會兒睡個好覺。而我，酒量有限得很，而且對外國的洋酒「過敏」，端起一杯琥珀色的伏特加，吞下一小口，就覺得：嗯，像……像醫用酒精，太辣！於是乎趕緊扒拉兩口主食就退了出來，任憑同伴們剝着滿肚子兒的北極蝦和蘸着芥末膏的刺身（烹飪這些食物的食材，可在當地超市買到），就着「醫用酒精」緩慢悠長地對飲。

初到北極的時候，由於極晝的原因，每晚回到房間，總也睡不着。怎麼辦呢？還是到附近去散散步吧！一來消化腹內高脂高熱量的西餐，二來遛累了，回來好睡下。於是乎，挎了攝影包，手裏拿了把地質錘，穿上鞋出門。我的駐地——距離朗伊爾城冰川冰舌下端最近的一棟小樓，房子後面，就是U形谷（冰川侵蝕出的山谷）的谷底，歷史上的冰舌曾經流經這裏；現在，只剩下一條冰冷湍急的「黃河」——黃色的河流（攜帶大量泥沙的冰川融水河）了。正在河邊漫步的我，忽然感覺前面有甚麼東西在移動，一抬頭，哦，原來是牠們夫婦倆。

極晝中的午夜時分，陽光熹微，光線都是灰濛濛的。天，是灰色的，山也都是灰色的。我看見，在離我駐地不遠的河岸上，一前一後，有兩隻灰色的動物在移動，與礦井外廢棄的鐵架相對比，我知道，這兩隻動物起碼有小牛那麼大。不用問，肯定是馴鹿；因為在這個地點有這種體形和毛色的動物就只有——馴鹿。世界上，馴鹿只有一個種，但有很多個亞種，傳統意義上被大家所認同的，有 17 個，牠們都是以產地來命名的。比如説吧，生長在西伯利亞地區的，就起名叫馴鹿西伯利亞亞種；生長在紐芬蘭島的，就叫馴鹿紐芬蘭亞種；分佈在中國東北地區，由鄂溫克族人民飼養的那種，學名叫馴鹿東北亞種，也有學者稱呼牠們為黑龍江馴鹿或菲拉

正在換毛中的馴鹿夫婦

爾克斯馴鹿。而眼前的這種馴鹿，也以牠的老家命名，即馴鹿斯瓦爾巴群島亞種。較之中國的近親，牠們的體形偏小，體長在 1.5~1.6 米左右，體重在 80~90 千克上下。

之所以來到離人類居住地這麼近，是因為現在是午夜，雖然太陽不落山，但在這裏居住的挪威人和俄羅斯人仍然嚴格按照正常的晝夜作息時間生活，他們吃飯、睡覺、發呆（在北極小鎮上生活的人看起來真的很悠閒）的時間都很固定。在 22：00 左右，儘管太陽還是高高掛在天上，而這裏的人們仍會拉上黑窗簾，洗個熱水澡，躺在厚厚的軟床上舒舒服服地睡覺去。因此，我的漫遊就變得從容隨意且不受任何人為因素的打擾。動物們呢？也早已摸透了人們的生活規律，小北極狐可以左顧右盼、慢慢悠悠地過馬路；而大塊頭的馴鹿呢？也可以大搖大擺地來到人類的居住地附近去找尋可吃的東西。

雄性馴鹿美麗的夏毛

雄性馴鹿的冬毛

畢竟是大型動物，儘管來到人類居住地附近，但還是要極力避開人類的。我是距離它 200 米的時候發現牠們的。而我相信，牠們發現我的時間和距離肯定早得多和遠得多。以我判斷，此時的形勢，對觀察動物行為來說，是很有利的，一條峽谷，就這麼窄，還被大河分去了一半，谷口的一端是海，另一端是冰舌，我與馴鹿都處在峽谷的中部。狹小的範圍，使動物不會快速地向遠方遷徙。我，自始至終相信，想要觀察動物，必先獲得動物的信任，而這種信任，雙方必須都是無私的。

對於拍攝大型野生動物的經驗，我起初是在散養的牛舍、羊欄、馬場、開園前與靜園後的動物園裏追着那些「家養」動物練習的，摸索出一些經驗，後來出野外遇到野生動物的機會愈來愈多，一試再試，果然好使。我覺得，凡動物，體形愈大，領地感就愈強，而膽子卻愈小。例如金毛羚牛（中國體形最大的羚羊），其飼養的護欄需要兩重，你在第二重護欄外看牠也好，拍攝也好，牠不會理你；可你只要進入到第一重與第二重護欄之間，牠可就認為你擅闖領地了，會直立起上半身，舉起蹄子拍你；如果沒有護欄和矮牆保護，被這對「銅錘」砸到的話，不死即傷。而某些品種的乘騎馬，一旦遭到某些「不良分子」的暗算或惡作劇，會就此好多天疑心重重，躊躇不前；如果在野外，保准嚇得絕塵而去。對於這兩隻馴鹿，當我決定觀察牠們的時候，開始只是在 100 米開外的地方那麼遠遠地跟着，跟着，只要能看到一個灰灰的影子，不把我落得太遠就行。跟了大約 1 小時，我發現馴鹿抬頭嗅察和回頭看我的頻率減少了，而埋頭吃草的時間延長了。我開始縮短我們之間的距離，80 米至 50 米的距離我用了半小時的時間。我知道，馴鹿已經開始接納我了，在牠們的潛意識裏，可能認為：這小子，在速度上，絕對不是我們的個兒，而且沒有攻擊我們的行為。接着，還是心理與距離的拉鋸戰，我開始變本加厲地縮小我們之間的距離，40 米，30 米，20 米。在 20 米的節骨眼兒上，馴鹿加緊了腳步，準備把我甩開。我意識到自己還是過於急躁了，開始慢慢地調整方向，向相反的斜前方走去，這就好比走了一個弓背形的路，表面上是離牠們愈來愈遠，實際上，我要愈走愈快，超到牠們的前方去。我不敢跑，因為跑的動作需要擺臂和屈腿，那樣的動作幅度過大，大幅度的動作會激起動物潛意識裏的警惕與驚嚇。我就加大步伐，加快步頻，愈走愈快，幾乎是馴鹿移動速度的 3 倍；很快，我就超過牠們三四百米遠，在牠們的必經之路——草灘旁邊的石頭堆上坐了下來，裝出一副滿不在意、很悠閒的樣子，也不攝影，也不對視，僅僅以餘光遠遠地看着牠們。這招兒果然靈驗，馴鹿沒有因為我的出現而改變既定的行進路線，而是朝着我，邊吃邊走過來。200 米、100 米、50 米、40 米、30 米、20 米、10 米！我依舊坐在地上，不敢有大的動作，只是手底下把長焦換成短鏡頭，慢慢地抬起相機，慢慢地開始拍攝。還好，牠們對我的快門聲還不反感，依舊安詳地吃着草。

這時，我得以近距離地觀察一下這種北極大型哺乳動物了。你看，這種鹿的身形與我們常見的梅花鹿的身形有很大不同，牠們的身材很魁梧，高肩、平背，粗腿、長臉，很像牛，但脖子可比牛長。灰褐色的毛長長的，愈到腹部色澤愈淺。這種鹿與其他鹿種最大的不同點就是：無論雌雄，腦袋上都頂着一副珊瑚狀的大角，只是雌性的角比雄性的略小些罷了。這種鹿還有一點特色，就是蹄子特別大，像穿了一副不相稱的大號雨鞋。這是為適應其生活地域的特殊性而進化出來的特殊裝備。原來，馴鹿生活的寒帶及寒溫帶地區，冰川和凍土的面積特別大，一到夏季，冰雪一化，硬邦邦的地面就變成了泥塘沼澤，為避免身陷泥潭的危險，最好的辦法就是加大自身與泥水接觸的面積。面積大了，壓力被分散，自然就陷不下去了。所以，自身與泥水接觸的部分——蹄子，就變得愈來愈寬大。

我面前的這兩隻馴鹿是一對夫妻。走在前面的，身形雄偉，鹿角碩大，是個偉丈夫。牠低頭吃着草，妻子如影隨形地跟在後面，丈夫是個見過世面的人，總是不慌不忙地、慢慢悠悠地在前面走，而牠的妻子總是對我不放心。

屏住呼吸的時刻終於來了，近了，又近了，雄鹿還是不緊不慢地低頭吃草，雌鹿依舊很小心謹慎地跟在後面，雄鹿開始用自己長長的、珊瑚樣的角來給自己的後腿撓癢癢。我的腳下有一片肥嫩的高山早熟禾，馴鹿很喜歡這些禾本科植物，雄鹿居然來到距離我 2 米的地方停了下來，翕張着肉乎乎的大嘴，將禾苗鏟進嘴裏。雌鹿也放鬆了戒備，追了過來，一前一後緊緊相貼。

就這樣，在靜謐的極晝午夜，在昏暗的陽光下，只有我，和兩隻鹿，在寂靜的冰川河谷裏，靜靜地對望，沒有猜忌，沒有疑惑，各自做着自己喜歡的事情，時間的流逝，彷彿就此戛然而止。

馴鹿記（續）：我也有惋惜的時候

很慶幸，到達北極小城——斯瓦爾巴群島首府朗伊爾城的時間與去年（2012 年）差不多，7 月 26 日，跟去年的 7 月 20 日只相隔 5 天。在飛機上我還提醒學生，下去就是北極了，你們有多厚的衣服就穿多厚，這幾天適應下來，到冰海那邊就不怕冷了。不一會兒，北歐航空的航班在那個

熊貓眼，是群島亞種的特徵之一，僅限於冬毛

小水泥機場上停穩了，機艙門一打開，迎面而來的是一股涼爽的氣息，一點兒也不覺得冷；咦，這麼舒服的北極。在機場去往小城的大巴車上，大家都在談論這兒的涼快，我從車窗不住地盯着河谷裏看，冰川河比印象中的去年寬了，兩旁的河灘地裏，草也比去年長得高，目測最深的草叢居然可能接近 30 厘米高。往冰川河的上游望去，哇！山坡上的雪也少了。

正在感歎苔原即將變草原可以開牧場的時候，不覺到了駐地。我還住去年的樓，只是向上挪了一層。我一整夜的睡眠都伴着嘩嘩嘩的流水聲度過，和去年一樣，像是催眠曲，只是今年的催眠曲高了幾分貝。

第二天一早，7 月 27 日，我上山去看各種植物，享受北極夏季鮮花的海洋。但到了苔原上一看，仙女木已經開敗了，岩鬚花早不見了蹤影，北極罌粟也結出了碩果，我記得去年 7 月 31 日在同一地點還看到雪白的花朵在風中搖曳。

如果説，這一切都多少還可以讓人接受的話。那麼，轉過一道山梁後，我就看到一幕我不能接受的事實了。我看到，遠遠的山坡上，有兩個灰點在移動，我知道那意味着甚麼，就屏住呼吸朝那兩個灰點慢慢接近，我兜着圈子迎着風繞到那兩個灰點的跟前，我滿心歡喜地認為，是去年那兩個穿着「破老羊皮襖」的馴鹿夫婦（大型動物一般都有固定的領地，牠們的家域觀念十分強，而這個山谷就這麼小；去年我曾以這條山谷作樣線，幾天走下來，只發現這一對馴鹿和遠處一隻孤鹿的身影）。出乎意料的是，那身破爛的「老羊皮襖」不見了，取而代之的是一身美麗的、絨毯一樣的夏毛。哦！這也太快了吧？！這才相隔 5 天啊！我去年也是到達的第二天（7 月 21 日）見到牠們的，而 5 天的時間，是絕不可能把一身厚重的「老羊皮襖」換得如此乾淨利索！是夏天提前了？還是換毛加速了？

以在北京動物園看大型鹿科動物換毛積累的經驗看，如果從去年 7 月 21 日照片所顯示的樣子變成今年 7 月 27 日看到的樣子，起碼需要 20 天以上！可惜的是，去年 7 月 27 日，我正好在與朗伊爾城同樣緯度的島嶼東側接近一群馴鹿；但很可惜的是，讓另一夥人給追到很遠的山裏去了，以至於我沒有一張同月同日的照片，那群鹿是非常有可能同樣披着一身「破老羊皮襖」的！

我失去了一個極有學術價值的「氣候變化活標本」——同月同日，同一個緯度，同一種鹿，不同的毛皮！好在，我從不為那種永遠得不到或永遠已失去的東西捶胸頓足，惋惜一陣也就過去了，馬上又沉浸在「有動物看有糖吃」的歡樂中去了。果然，「老相識」的感覺真好，我仍舊是去年的做法，找個地方坐下來，也不攝影，就是那麼呆呆地看，呆呆地看。果牠們取食的方式是像羊一樣邊走邊吃，牠們非常喜歡珠芽蓼、極柳、山蓼的嫩葉，好在這些植物在這裏隨處可見。由於不愁食物，在這個鳥群中，無論雄性還是雌性，均長得十分豐滿，加上雞形目鳥類那特有的，一步一點頭的雍容步態，讓人感到賞心悅目。

一對披冬毛的岩雷鳥標本

一隻正在報警的雄性岩雷鳥

岩雷鳥喜愛的食物——珠芽蓼的花穗

我趴在「5 米線」上觀察，不時拍照。忽然，一陣帶有共振效果的「ku—ku—kuku」叫聲響起，我這才發現，在不遠的高處，有一隻雄鳥揚起脖子，向天空鳴叫，一時間，取食的那三隻鳥趕忙加快腳步向高處轉移。原來，我的一舉一動，早就被一旁的「哨兵」看在了眼裏，牠不動聲色地注意着我，一旦我愈過雷池，牠便毫不猶豫地向同伴報警。我知道，群居動物在覓食的時候，總會有一名成員充當哨兵，這名成員大多數情況下都是雄性的，並且這個角色是輪流擔任的。見鳥群走遠了，哨兵也快步追隨而去，只剩下我還趴在原地不敢動。

誰知，牠們遷移到前方十幾米的地方，又開始採起食來。原來，牠們無非就是想和我保持更大的安全距離。於是，我又開始爬行，這回我向牠們的斜上方爬去；因為我注意到，在牠們身後不到 10 米遠的地方，有一塊巨大的冰川漂礫，我自認為可以躲在岩石後面拍攝，不被「哨兵」發現。不久，我爬到了巨石上方，四隻鳥都被巨石擋住了，哈，我這回不在牠們的視野之內了。我站起身，躡手躡腳地走到巨石後面，趴好，然後從巨石的一側露出半個臉和一個鏡頭——偷拍牠們。呀！真好，牠們還在低頭覓食，這個距離真好，能把牠們的每一根羽毛都照得非常清楚。得到了滿意的照片，我又開始得寸進尺起來，我這次有意多露出半個身，讓「哨兵」看到，卻並不向前，只是打了個翻身，躺到了地上，我的直覺告訴我，牠們並沒有走，2 分鐘後，我又翻過身來，明目張膽地用照相機拍攝牠們的倩影，相機快門發出一聲聲清脆的哢嚓聲，這樣的距離還説牠們沒有發覺，似乎已經是掩耳盜鈴了。於是，我就追隨着牠們遷移取食的節奏慢慢爬行，每隔 5 分鐘，與牠們之間縮小 1 米的間隔；最終，我爬到了一隻雌鳥身旁，而此時「哨兵」卻沒有發出警告，我目測了一下距離，剛好 5 米。

這天，我在夕陽的餘暉下，與這群美麗大方的松雞度過了一個美好的下午。晚餐時分，考察團以極其豐盛的晚餐招待了挪威卑爾根大學著名大氣物理學家，80 多歲的葉新（Y.G jessing）教授，他是中國人民的朋友，曾經幫助中國科學家在北極建站；據説，他每年夏天都會在朗伊爾城待上一段時間。席間，我有禮貌地與大家暢談，但腦子裏卻不由自主地想着山坡上的那群松雞。終於，葉老先生要離席回家去了，而冗長的晚宴馬上就要變成聊天會的時候，我藉着送老先生之名，從飯桌上撤了下來。把老先生送上車，我趕忙穿好衣服，揹上相機向遠處的山坡跑去。

蒼蠅也是雪鵐的食物之一

7月下旬，是雛鳥生長最快的時節，而此時「灰娘子」提供給牠們的，幾乎都是高蛋白食品——有翅膀的小飛蟲；這是不是「灰娘子」的空中捕蟲技藝特別出眾呢？原來，苔原上最多的昆蟲就是膜翅目的小蜂類，雙翅目的蚊、蠅類，其他小蟲少之又少。而這些飛蟲的存在幾乎都和花有關，夏季是苔原上百花盛開的季節，這些花幾乎都要靠蟲來傳粉，而這裏的飛蟲都充當着花媒的角色，這在其他地方是不多見的。因此，在花叢裏捕食，就成了「灰娘子」獲取這些飛蟲的捷徑。極地的風，即使是夏季，也是非常寒冷的，而四周都被花瓣包圍的花盤裏不僅有甜醉的蜜糖，還是照得見陽光的避風港。我常常看見，一些飛蟲停在花盤上就不愛走，這就為像「灰娘子」這類辛勞母親在短暫的夏季養育雛鳥提供了可能。

而雛鳥，在巢中生活的時日也絕不會超過一個月，牠們只要長出基本的飛羽，即使身上的絨毛還沒褪盡，就會出去探險，而牠們的母親，也會跟在牠們身邊，並照顧上一段時間。在我的科學博客中，曾記錄過一個與剛出窩的雪鵐雛鳥相遇的經歷：

7點多鐘，我從山坡上下來，正加緊步伐準備回駐地吃早飯。走着走着，遠遠望見在距離自己30多米的坡地上，有一個毛球揹着手兒（小鳥合攏翅膀的樣子）一蹦一跳地「路過」，我知道那意味着甚麼，趕緊揹好相機，忙不迭地追了過去。誰知，那毛球兒三蹦兩蹦，蹦得沒了蹤影；咦，怎麼會追丢了呢？

我斷定我看到的是一隻雛鳥而不是北極旅鼠或其他甚麼東西，因此我也斷定牠絕跑不遠，也不可能遁地逃走。憑我的經驗，牠一定是躲到哪兒去了。可躲到哪兒去了呢？空曠的北極苔原，就是石頭板兒上蓋着厚厚的苔蘚層，別說可以藏身的樹叢了，就連10厘米以上的草都沒有半棵，一眼望去，溝溝坎坎兒都盡收眼底。我使勁兒睜了睜眼，沿着小鳥消失的方向努力尋找，

雪鷚的雛鳥

忽然被一條不知從哪兒流出來的小溪擋住了去路，小鳥很小，一定還不會過「河」，我這麼想，便循着水流走，走着走着，水流忽然不見了，露出一個小小的洞口。原來這高山上流下來的冰水，如果遇到基岩比較堅實的山坡，就在地表流淌；倘若這山體比較疏鬆，就流到石頭縫裏去了，這就是暗河的洞口。我看見，洞口兒有幾塊石頭把門兒。我又想：「小洞洞裏一定是涼涼的冰水，小鳥一定很怕沾到冰水，所以牠一定不敢鑽進去的！」

那牠到底躲哪兒去了呢？

我俯下身，仔細地觀察洞口的那幾塊石頭，忽然覺得有塊石頭不太一般，定睛一瞅，哎呀呀，一個毛茸茸的小傢伙兒——一隻雪鷚雛鳥待在那兒，牠簡直就像兒童簡筆劃，石青色的身體是圓圓的，腦袋是圓圓的，兩隻小黑豆兒一樣的小眼睛也是圓圓的，外加一張扁菱形的小嘴兒，最可樂的，是在圓腦袋的一邊兒呀，還髭着幾根兒柔柔長長的小黃毛兒，被風吹得飄啊飄……小鳥兒目不轉睛地盯着我，一動不動地故作鎮靜。

我於是盤腿坐下來，取下相機，默默地換上鏡頭，默默地觀察牠的一舉一動。不一會兒，牠便開始眯着眼打盹兒了。

也許，你可能忍不住要問，小鳥見了你為啥不跑呢？難道是被你這個龐然大物給嚇傻了麼？

不，牠不跑，正是牠最本能、最智慧的體現！因為牠知道，苔原上的任何獵手都比牠跑得快，如果貿然出逃，那肯定是肉包子打狗！牠知道，憑藉爹娘給的一身石青色羽毛，與其亂跑亂動讓敵人逮個正着，不如把自己偽裝成一塊萌得驚人的石頭，一動不動，騙過對手的概率反倒高些。

可是小鳥那身石青色的羽毛到底還是比石頭的顏色漂亮些，難道對手看不出來嗎？

哈哈，又錯了，石青色在人眼裏，是一種漂亮的藍色調，可是在一些只具備單色視覺的天敵眼裏，它和石頭一樣，就是那麼一片灰；並且，這個顏色的灰度與大多數岩石的灰度是一致的。找幾塊有石頭的地方，混在裏面，只要一動不動地待那麼一小會兒，大多數的危險時刻都會過去的。

也許，你會嘲笑——這樣逃生的方式多麼消極啊！可你別忘了，牠還只是個剛出滿月的嬰兒啊，對於一個「baby」，你還要強求牠些甚麼呢？

而之後的情形呢？我發現，在離我不遠的一處制高點，有一雙眼睛在盯着我的一舉一動，那竟然是一隻雌性的雪鵐，而待我離開小鳥的一瞬間，牠便閃電般地衝下，小鳥一下子與她親昵起來，短暫的、嘴對嘴的「親吻」（餵食動作，其實雌鳥口中甚麼都沒有，此時的動作只是一種安撫行為），然後一前一後跳躍着，翻過土丘，離開我的視線。

待在洞口的小鳥

好媽媽與毛球

白頰黑雁

白頰黑雁是一種端莊的鳥兒

在斯瓦爾巴群島，最適宜觀賞白頰黑雁的地方在新奧爾松，這是個以科學研究聞名於世的小鎮，其間散落着十幾個國家和國際組織的科考站，這其中，當然也有中國北極黃河站。

新奧爾松鎮坐落在王灣，夏季裏，這裏的溫度較同一緯度其他地區要溫暖一些，這是北大西洋暖流與峽灣小氣候共同作用造成的，更難得的是，在小鎮旁的海灘上，還發育出一大片平坦的苔原，這就吸引了大批的白頰黑雁到這裏來築巢育雛。這裏不得不提到一位「鵝教授」，他叫馬丁，專門研究白頰黑雁，為甚麼研究白頰黑雁的人叫「鵝教授」呢？原來，在中世紀的時候，不知甚麼原因，人們居然認為白頰黑雁是由一種叫藤壺的海

在馬丁的鵝籠裏，一隻採食高山髮草的白頰黑雁

洋動物變化而來的，那年月有禮拜日不許吃肉（但可以吃魚等海洋動物）的習俗，於是人們便大吃白頰黑雁；因為吃白頰黑雁相當於吃魚嘛！在很長一個歷史階段，白頰黑雁的名字就叫——藤壺鵝（即由海中藤壺化生而來的鵝）。

在育雛期，白頰黑雁是絕不允許人靠近牠的幼雛的，而鵝教授的圍欄裏總飼養着幾隻為方便科研觀察而抓來的雛鳥，這也就使我有幸觀察到雛鳥的取食行為了。我就在「鵝教授」砌的籠子裏看過，小雁一面低吟般地歡叫，一面在津津有味地用喙揪那被籠子罩住的幾叢乾枯的髮草。雖然，苔原上的髮草到了夏季後期都會顯得乾枯，但乾枯並不代表沒有營養，乾枯只代表水分的喪失而乾物質的濃縮，小雁快樂地取食着。其實，我們國家也有研究過白頰黑雁的科學家。她是我的好朋友、好長輩——首都師範大學的趙琦教授，我們曾不止一次地在極地考察。她曾告訴過我，白頰黑雁是個好家長，在繁殖季，親鳥會有意識地選擇吃「粗糧」，即營養價值非常低的食物——地衣，而雛鳥一出生就會選擇吃營養價值高的「細糧」——高山髮草等禾本科植物的葉子。這是有道理的，因為我知道，地衣生物體內對動物有益的蛋白質和糖分不僅非常少，並且很難吸收；而髮草則不然，禾本科植物體內富含高能量的糖分，髮草就是北極難得的優質牧草，不僅口感比粗糙的地衣要好得多，而且有一股禾苗所特有的清香和甜味兒，趙教授將其比作「細糧」，真是再貼切不過了。不過，就我的觀察來看，白頰黑雁這種獨特的「自我調節」習性，可能還與雁群所處地點和該地點所承載的個體數量有關。比如，在群島中部的朗伊爾城，白頰黑

在苔原上取食地衣和苔蘚的成鳥

白頰黑雁喜歡的「細糧」高山髮草

白頰黑雁的「粗糧」枝狀地衣

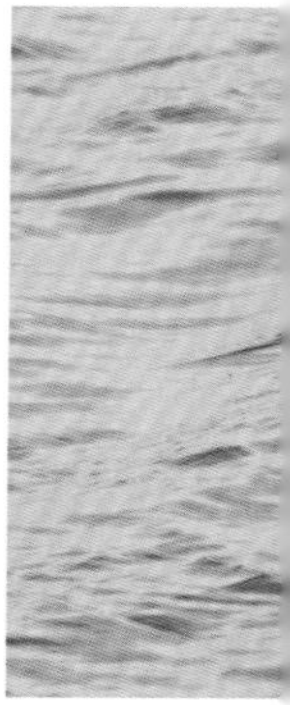

雁的取食範圍就相對廣闊，髮草的保有量也相對寬裕；因此，成年鳥大可不必以地衣這樣的「粗糧」為主食，一家大小在苔原上歡快採食髮草的景象隨處可見。這從當地採集來的成鳥糞便樣本中也得到了證實——裏面有很多消化過的髮草莖葉殘渣。而在新奧爾松的苔原上，由於氣候條件優越，但苔原面積小，雖然吸引了為數眾多以髮草為夏季主要食物來源的白頰黑雁；但由於長年取食的緣故，該地區的髮草就顯得「彌足珍貴」，就十分有可能在繁殖季出現上述情形，而實際上，我也觀察到了這種情形，即有大群的成鳥在只有地衣和苔蘚的苔原上取食。

此外，在群島上觀察小雁的成長，也是一件十分有趣的事情。春季，雁媽媽一般會下 4~6 個蛋，有時

一個家庭

甚至更多。雁雛是早成鳥，一破殼兒，身上就覆有厚厚的絨毛，不畏懼北極的寒冷，胖乎乎、毛茸茸的像個球兒，出生第一天，就能跟着媽媽（因為雁爸爸負責在一旁警戒）出去找東西吃。雛鳥的羽色隨着成長天數的增長而默默變化，剛出殼的時候，身上的絨毛會泛出嫩嫩的黃綠色，十足的「黃毛鴨子」樣兒；可愈往大裏長，黃毛兒就愈少，長到鴿子般大小時，全身都變成了淺淺的灰色，當長到鴨子大小時，頸部開始變黑，身上開始長出飛羽，白頰黑雁所特有的斑紋

中的水綿也是白頰黑雁的食物

媽媽的保護

白頰黑雁在潮間帶上覓食

也開始上身了，最終，雛鳥會在深秋時節長齊全部羽毛，由親鳥帶去南方。

在朗伊爾城，白頰黑雁的最佳觀賞期是 6 月中旬至 7 月中旬，在新奧爾松是 7 月中旬至 8 月初。因為這時的小雁，已經長得很胖，臉頰圓圓的，有鴿子般大，身上一襲絨絨的灰色乳毛兒也正當豐滿，五六隻跟在成鳥後面蹣跚走路，樣子尤其可愛；尤其是附近有異常響動時，牠們會忙不迭地鑽到媽媽的翅膀下面，有兩隻膽大的，還會從媽媽脖子處鑽出頭來四處張望，着實令人忍俊不禁。

海灣中遊弋的成鳥群體

白頰黑雁小群

在高山上棲息的白頰黑雁

暴風雪中出沒的海燕

暴風鸌

暴風鸌

初到斯瓦爾巴群島，我曾在海灘上拾起一具帶有頭骨的鳥骨架，已經風乾，拿在手上非常輕，猶如一張紙，翅骨上的飛羽尚未脱落，又尖又長……骨骼超輕，飛羽超長，這樣的骨骼，很容易讓人想到高爾基那「高傲的海燕」。這樣的骨骼，一看就知道，這是一種能在暴風雪中拼搏奮進的海鳥。

特別令人感到驚異的是這隻鳥的喙和鼻子。牠的喙由幾個連接在一起的角質骨片構成，最前端是一個突出的，像堅果鉗一般上下咬合的鈎，後面是直長的喙體，最怪異的部分就在這喙體上方，揹着兩個平行的管，就像雙筒獵槍的槍管一般，那是牠的鼻孔。沒錯，就是牠，這骸骨屬一個英雄——暴風鸌。「鸌」字的發音為「戶」，看似很生僻，其實説起牠的親

從暴風鸌的頭骨看牠的鼻孔

戚海燕、信天翁……這些耳熟能詳的海鳥來，你就會感到一點兒也不陌生，牠們都屬鸌形目，這個目的鳥幾乎都是「飛行健將」，大多都有狹長的翅膀、短短的尾羽，牠們的種類很多，與為數眾多的鷗類平分大洋上空。在全世界的海洋上，從南極到北極，所有自然帶都有牠們的身影。

這個目的鳥還有一個特殊的共同特徵，就是那令人驚異的管狀鼻。生就這樣的鼻子，着實讓人難以捉摸，鳥類學家研究發現，管狀鼻其實是發達的鹽腺，牠們喝下海水，需要通過鹽腺排出鹽分，高於海水濃度的鹽水會由管狀鼻噴出，並且配合鹽溶液的排出，為極地高空中的冷空氣加溫加濕，這樣更利於牠們適應洋面上的惡劣生活。

初到極地船上工作的人，往往剛一登船，最先認識的，就是暴風鸌；不僅因為這種鳥在斯瓦爾巴群島數量繁多，更多的原因是這種鳥可以不分時間、不分天氣狀況，全天候地出現在北冰洋的洋面上。我曾指導學生分成 4 班，24 小時不間斷觀測出現在航線洋面上的海鳥，結果勝出的「最棒巡航員」毫無懸念——暴風鸌。其實，鸌形目的最大特點就是不間斷地在洋面上空飛翔；有些種類，幾乎窮其一生時間都在洋面上度過，只有到了繁殖期的時候，雙腳才踏上陸地。牠們是天生的空氣動力學家，能非凡地利用洋面上產生的各種氣流長時間自由翱翔，不時在空中高速翻飛，或突然上升至高空……牠們的羽毛不畏雨雪，極地的氣候變幻無常，我在抗冰船甲板上觀察的時候，經常被突如其來的暴雨，或者小雨夾雪忙不迭地轟回船艙，但通過舷窗，總能看到船舷兩側的暴風鸌依然在洋面上優哉遊哉……暴風鸌是斯瓦爾巴群島海域所能見到的唯一一種鸌形目鳥類；儘管那些「高傲的海燕」能生活在氣候更為惡劣的南極海，但牠們總不願踏入北冰洋一步，情願把這片漂滿浮冰的海水留給更為粗獷的暴風鸌。

一群停息在浮冰上的暴風鸌

在北極海，暴風鸌捕食幼小的鱈魚、鯡魚，而更多時間，牠們喜歡尾隨船隻，撿食漁船丟棄在海上的魚雜，以及客輪拋棄在海面上的廚餘垃圾，充當「洋面清潔工」的角色，這也是牠們容易被觀察到的重要原因之一。由於這種鳥身形敏捷，掌握空氣動力的能耐特別強，往往令那些喜歡拍鳥的「槍手」們無從下手。其實，拍攝這種鳥類有一小小的竅門兒：暴風鸌特別喜歡尾隨螺旋槳翻起的浪花前行（這些浪花能夠翻起小魚，同時也能富集垃圾），跟隨一陣後，會突然向上飛向側舷，愈過船頭在外側兜一個圈後再次回到船尾。根據這個經驗，拍攝者只要靠在船的側舷守候，跟隨這個固定的弧線搖動手中的相機即可獲得同步固定在畫面中的清晰影像。

在冰水中洗澡

在風中翱翔

起飛

降落

勇猛的戰士，追日的夸父

北極燕鷗

飛翔中的北極燕鷗

北極燕鷗，是最令我敬畏的動物之一。讓我所敬佩的，不僅僅是牠們每年在北極育雛，卻偏偏要飛到南極去愈冬；讓我所敬佩的，也不僅僅是牠們堪稱極其稱職的父母，極其稱職的長輩！讓我所敬畏的，不只是在驅逐入侵者時的無情攻擊，也不只是向敵人噴射的「生化武器」，而是牠們不屈不撓，誓死把入侵者——不管是狐狸、人，還是比自己龐大上千倍的北極熊趕出家園的決心與勇猛。

潮間帶，是我在北極最主要的工作區域之一；因為，那裏是藻類的天堂、海鳥的天堂、甲殼類動物的天堂以及貝類的天堂！那裏的生物量很大，種類繁多，令人目不暇接。同時，也是充滿危險和許多意想不到事情的地方。例如一陷進去就不能自拔的泥沼；看似膚淺卻深不可測的水潭；窄小卻流速很快，足能衝倒身體的鹹水河汊。所以，太乾的地方不敢踩，怕一腳下去就陷入泥漿；太濕的地方也不敢踩，那樣的地方，一腳下去，同樣陷入泥漿。所以，想去更靠近大海的灘塗找鳥，或者找其他動物，就只能找那些常年來被水流和潮汐堆起來的，由貝殼和石子構成的天然堤堰。有的時候，這樣的堤堰很窄，只容一腳踏過去；有的時候，這樣的堤堰被流水沖斷，而你，只能一躍而起，跳向對岸，無論如何也不能冒險趟過那看似淺淺的「渾濁小河」。

還有些時候，這樣的「小路」早已被「人」佔領了，如果想過去的話，還得冒着「槍林彈雨」前進才行。

你猜對了，這樣的「佔路者」，就是北極燕鷗。雖然，北極燕鷗是我最敬畏的動物之一，如非迫不得已，我是絕不會去招惹牠們的；但，我到極地來，畢竟不是「打醬油的」，我在更靠近海邊的潮間帶還有更重要的工作。路，只有這一條，怎麼辦呢？硬着頭皮也得過去。

我承認，在 20 米開外，我就看到地上有隻北極燕鷗，這鳥很顯眼，牠有鴿子那麼大，尾巴分叉呈剪刀狀，很像燕子，這也是牠名字的由來，頭頂呈黑色，喙呈鮮紅色，背部的羽毛呈亮灰色，趴在被三氧化二鐵浸染成紅色的卵石灘表面很顯眼。牠趴的地方，實際上是個巢。牠的巢，是我見到過的最草率的巢之一（北極還有更草率的巢）。牠們只是地上刨出的一個小小的淺坑而已，最多揀一揀裏面的石頭，或走過場似的放兩根乾草，有的根本連石頭也不揀，草也不放。蛋，就下在那小坑裏。親鳥——燕鷗媽媽或爸爸（牠們是輪流孵蛋的），就趴在那蛋上抱窩。

懸停在空中的北極燕鷗

北極燕鷗和牠的卵

這是種很自信的鳥；當我，這個 1.7 米身高的「龐大」動物在距離牠不到 10 米遠的時候開始向我示警，發出「亞—亞—亞—」的叫聲，我沒有別的道路可選，只能上前，牠示警的頻率便開始加快成「亞—亞—亞」，我繼續我的腳步前行，只見牠一躍而起，鑽向高空，發出「亞—亞—亞」的高亢叫聲，接着，順勢又俯衝下來，發出「嗟嗟嗟嗟 — 嗟嗟嗟嗟」的叫聲，我知道，牠要攻擊我了，我奪路而逃，同時想在地上撿一根木棍舉過頭頂。這是當地人告訴我的經驗，如果受到北極燕鷗的攻擊，不想腦袋被那尖利的喙尖啄得頭破血流腦袋開瓢兒的話，就撿一根木棍舉過頭頂，那鳥會以為木棍是你身體的一部分，轉向攻擊木棍而不是你的腦袋。

在襲擊人的北極燕鷗

可地上根本沒有甚麼木棍呀！我急中生智把相機舉過頭頂，還不斷地藉機按動快門兒。但，憤怒小鳥的攻擊，其後果，也是很嚴重的。在「亞—亞—亞」和「嗟嗟嗟嗟」都不起作用的情況下，我在牠的一次俯衝過後，清楚地聽到清脆的一聲「啪」，那是鋒利的喙和遮光罩接觸的聲音，是

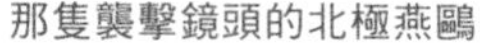

那隻襲擊鏡頭的北極燕鷗

大聲的喧囂

遮光罩避免了牠和鏡頭的直接接觸。「遮光罩居然還能擋鳥兒」，我暗自慶幸了一番。但接下來，我就不那麼幸運了，我忽然聞到一股令人噁心的腥臭味兒，哎喲！牠是不是放「臭槍」了？所謂的「臭槍」，就是把胃裏半消化的海產準確射向敵人的做法。我曾見到過，我的隊友因為不慎闖入了北極燕鷗的領地，身上被噴滿了大片紅白相間的嘔吐物；那東西，顏色不僅很難洗，而且味道很難去掉，即使洗過兩三個星期，聞起來，還一股子惡臭。我趕緊遍身尋找，還好，只在攝影包上找到了幾片微小的魚鱗，看來牠只是小小懲戒一下而已。我卻馬上可憐起牠來，一個母親（或者父親），肩負着孵卵的重任，不便到海上捕食，牠把自己的胃內容物吐出來，豈不更要挨餓……趁着牠還沒真正「開槍」，我趕忙加快腳步，直逃至 30 米開外，那親鳥才放棄追趕，像風中的一片落葉，迎着氣流，一頓一頓地落下，在最後一頓的一瞬間，我看到——牠腳下的淺坑裏，有小小的、橄欖色的一隻蛋……

有些朋友問我，像北極燕鷗那樣認真負責，敢於豁出生命保護卵或幼雛的爹媽，為啥牠們所營造的巢卻如此地草率——「只是地上刨一個小小的淺坑而已，最多揀一揀裏面的石頭，或走過場似的放兩根乾草，有的根本連石頭也不揀，草也不放」。如果你真的認為是這樣的話，那你可就被這些表面現象所蒙蔽了。

在北極，下蛋和孵蛋的功夫，多數時候，其實並不用在「窩」 上，而是要用在「蛋」上！窩，只要有一個淺淺的小坑把蛋固定住就行了，多餘的東西只能成為北極狐等天敵的目標，把窩墊得很暖固然好，但那樣，目標太大；憑藉竊蛋大師——北極狐那樣一雙具有望遠鏡和雪鏡雙重作用的「狐媚眼」，發現那樣的巢簡直易如反掌。索性劍走偏鋒，不去構築那樣繁瑣招眼的巢，而改用以下「瞞天過海」招數的綜合作戰方式來迷惑天敵，從而達到育雛成功的目的。

蛋殼保護色：北極燕鷗的蛋和鵪鶉蛋的大小很像，卵殼表面的顏色也很像，在橄欖綠的底子上佈滿了黑色的點點與斑斑，如果你沒有在野外找動物的經驗，在滿世界全是鵝卵石的海灘上，保準你看花眼也找不出來。這是「瞞天過海」的第一招兒。

擴大家域面積：一個巢，本就鳥肚子那麼大的一個淺坑兒，至多 10 平方厘米，但人家偏要規劃出 3000 倍以上的家域面積來，只要覺得你對我有危險，哪怕你是人，是狐狸，就算你是北極熊，膽敢邁進這個圈兒，我便會毫不留情地給予嚴厲打擊！幹嗎要劃出那麼大的勢力範圍來呢？你想想，一個小蛋兒，不到一寸長，還是花的，放在亂石堆裏，假使這個亂石堆有 1 平方米大，你可能在 5 分鐘之內找到；那 30 平方米呢？你就找去吧！你在下面找，我在上面啄你，狠狠地啄你，啄死你，任你有再大的耐性，你都頭破血流了，你還能找到嗎？當然，北極燕鷗家長也很會評估受威脅的程度，以判斷何時起飛，何時攻擊。

假孵卵：我遇到過許多北極燕鷗，沒事就趴在地上，你一不留神走到牠的勢力範圍之內，牠就騰地飛起來嚇你，你往牠肚子底下一看呀，毛也沒有！這就是人家「瞞天過海」的第三招，甭管有事沒事，也甭管雄性還是雌性（反正雌鳥雄鳥都孵卵，長得也差不多），就趴在地上假裝孵卵，其實肚子底下毛也沒有，一有敵情就起飛，還煞有介事地喧鬧着驅趕你一陣子。任你是最有耐性的敵人，也禁不住費勁地抵擋半天還找不到一個蛋毛兒。

友鄰互助：初上北極灘塗的時候，你可能會不小心闖入一對北極燕鷗的家域，你會受到一隻或一對北極燕鷗夫婦的攻擊！假如你又是個倒霉蛋兒，趕上這塊灘塗是多個家庭共同佔有的（牠們的家域相互重疊），那麼，四周的北極燕鷗家庭都會派出戰鬥力一起來攻擊你，霎時間，漫天都是「轟炸機」！再如果，你這個倒霉蛋兒忘記了來時的路，沒有及時地退回去，而是在不同北極燕鷗家域範圍內一通亂跑，我的天哪，想都不敢想了……這是瞞天過海的最後一招兒，打死你也不知道這到底是多大的一片巢區，到底有幾隻鳥在看幾個蛋。

一對繁殖期的北極燕鷗

看到這裏，如果你還要問，假使孵蛋不需要一個溫暖的巢，那麼，哺育雛鳥是否也應該有個小小的「家」呢？那你就太小看北極燕鷗的雛鳥啦！

小燕鷗剛孵出殼兒時的樣子，可與麻雀、喜鵲、燕子這些光着屁股、閉着眼來到世間的鳥兒不一樣，人家是睜着倆大眼，穿着羽絨服（身上長滿了絨絨的、帶黑色斑紋的褐色細毛）來到世間的。更令你意想不到的是，出生後，這小傢伙，居然還很具有探險精神。不少小鳥會在出生當天或次日，離開那個小小的巢穴到四處的郊野去探險！人們通過長期觀察發現，這些外出探險的小傢伙儘管移動速度很快，離巢也會很遠，卻很少有走失迷路或找不到父母的情況發生。牠們彷彿天生就是具有辨認方向和認路能力的探險家，也是因為這樣的天性，牠們長大後每年從南極飛向北極、從北極飛向南極很少走冤枉路，也很少迷途。

小傢伙移動的速度實在很快，簡直太快了。一次我在新奧爾松中國北極黃河站附近的一片海灘上發現一隻絨絨的毛球兒在地上四處亂跑，我扛着相機追上去看是甚麼，結果遭到了北極燕鷗父母的襲擊；我才知道，這團毛乎乎的東西就是牠們的雛鳥。其實，即使沒有北極燕鷗父母的追擊，以我的速度也是很難追到牠的，牠那兩條小腿邁步的頻率很高，速度很快很快，就像我小時候玩兒過的一種煙花——一經點燃就靠後坐力在地上亂竄，名字我還記得，叫「耗子屎」。

看到了吧，「草率」的背後，其實是極度的機智、勇敢、認真與負責。

北極燕鷗和雛鳥

殘忍與慈祥的化身

北極鷗

北極鷗

在沒去北極以前，曾看到北極鷗的圖片，總以為牠是種乾淨、和善的小鳥。你看，潔白的頭頸，潔白的尾，藍灰的翅，從頭到腳，透着端莊和高雅。

可剛一走下極地航班的舷梯，看到一架滑翔機樣的身影從低空掠過，不禁吃了一驚，這麼大的海鳥，堪稱與南極的信天翁——世界上最大翼展的鳥相比。可是我知道，北極並沒有信天翁。等「滑翔機」再次降臨頭頂的時候，我看到大鳥的下嘴前緣有一團標誌性的橘紅色，原來北極鷗這麼大！我對自己說。

現在回想起來，這並不是我第一次見到北極鷗，在飛赴北極之前，科考隊在挪威領土位於北極圈內的海濱小城——特羅姆瑟轉機的時候，我曾看到一種渾身長有麻麻點點的海鳥，那其實是北極鷗第一年的亞成體。北

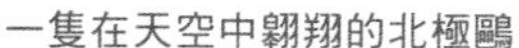

一隻在天空中翱翔的北極鷗

在岩石上築巢的北極鷗

極鷗有好幾種羽色。牠們的雛鳥、第一年的亞成體以及成鳥在夏天、冬天所穿的衣裳，都不一樣；但牠最經典的羽色，也就是一生中大多數時間的着裝，同時也是牠最美麗的一身着裝，就是牠的夏羽，如前所說：像冰川一般潔白無瑕的頭、頸、腰；像遠山一般淡淡藍灰的肩、背和翅上覆羽，透着端莊和高雅。

我這幾年來的北極考察，幾乎都是分成兩段進行的，第一段在斯瓦爾巴群島的首府朗伊爾城附近進行，第二段在抗冰船上完成。在上船前的幾天時間裏，我曾不厭其煩地從內陸的駐地步行到岸邊潮間帶上觀察北極燕鷗的育雛行為。而北極鷗，是牠們的鄰居，我常看見，大塊頭的北極鷗搖搖擺擺地在潮間帶上踱步。當時，我還天真地以為，這樣端莊的大鳥，一定是以小型的魚類和甲殼綱動物為主食。

直到有一天，當抗冰船從近極點的冰海歸來，開到了斯匹次卑爾根島東側的東斯瓦爾巴保護區，在一個叫 alkefiellet 的地方靠岸，我才算看清了這種大鳥的真實一面。

和在北極所經歷的大多數時日一樣，北冰洋的上空，總是陰雲密佈；清晨，被鬧鐘叫醒後，拉開人造的夜幕——那層厚厚的黑絨布窗簾，露出毫無懸念的天——鉛色的天。我見到抗冰船停泊在一堵漆黑的石崖下，石崖的上方是一團污白色的冰，這可能是冰蓋的末端，也就是石崖的上面和內側面有可能是一片廣袤的大冰蓋；因為，我看到一條同樣是污白色，甚至有些泛黃的大瀑布，從石崖頂端傾瀉而下，那瀑布很寬，水流很大，大得把石崖下很大的一片海都砸得波濤洶湧。我還看到，在石崖底下，包括我們船停泊的這片離岸較遠的海，都被這從天而降的，裹挾着大量泥沙的淡水染成了污白色，在離岸和船都很遠的地方，污白色與北冰洋原本的黑藍色相遇，形成一道太極圖般陰陽分明的界線。

幾天的考察，已經遇到很多次了，但凡遇到這樣鹹淡交融的水域，例如冰川的入海處，有藍色的大冰塊墜入海中的那種地方，總會聚集許許多多的海鳥在周邊棲息，是這裏強大的淡水流把深水中的魚群帶到了水面。

3 個小時後，船長通知可以登陸，於是乎救生衣、採樣設備、攝影器材一股腦兒地「穿」在身上。衝鋒舟還沒有開到懸崖的近前，就聽到震耳的鳥鳴，先是幾隻幾隻的小群，愈到近前愈多，最後漫天都是密密麻麻的黑色海鳥，距離衝鋒舟不遠的海面上也全是——牠們爭吵着，為着嘴裏的一兩條細小的魚苗拼命地爭搶着。

隨着空氣中瀰散的惡臭氣味愈來愈重，我們的衝鋒舟終於來到石崖底下，終於看清了它的端倪。這裏原本是一片白色石灰岩島嶼，遠古時代的火山噴發，使白色的石灰岩基底上「生長」出許許多多體形龐大的漆黑色玄武岩石柱，這些石柱拼接成各種奇形怪狀的山峰，有的像魔鬼羅德巴爾關押公主奧傑托的黑獄，有的像哈利 • 波特世界裏的城堡；所不同的是，這裏並不寧靜，每一個角落，每一片岩石的平台，只要能站下一隻鳥腳的地方，都被一種無論體形還是顏色都與南極企鵝相似的海鳥——厚嘴崖海鳩所佔領。怪不得這裏叫 alkefiellet 呢！原來這地名是由兩個挪威語單詞組成，alke 就是海鳩，而 fiellet 是山的意思。

這些鳥，把本來和牠們一樣烏黑的山體都染成了粉紅色。注意，我不是色盲，厚嘴崖海鳩的脊背的確是漆黑的，而腹部的確是雪白的，這的確像企鵝，而粉紅色的山體也的確是牠們染成的，是用牠們的糞染成的，由於牠們的食物中含有大量的甲殼類動物，例如磷蝦（和南大洋一樣，北冰洋也有大量的磷蝦），這些動物的體內含有紅色的蝦青素，再加上蛋白質和鈣在消化後會呈現出的白色，混合在一起正好是粉紅色。不但有色，還有氣味，剛剛說的——空氣中瀰散的惡臭，就來自這些粉紅色的糞便。

鳥類學家們的長期觀察發現，在繁殖季，這裏的鳥類保有量在 12 萬隻以上，主要是厚嘴崖海鳩，還有少量的侏海雀和北極海鸚。原本以為，棲息在這裏的海鳥幾乎都屬以捕食魚類和甲殼類動物的鴴形目，雖然食性上趨於競爭，好在沒有鷹隼那樣的猛禽，牠們待在一起應該還算和諧吧！誰知，幾分鐘後，就打破了我的這個假設。

在幾塊站立着數以萬計厚嘴崖海鳩的岩石上，我又看到了久違的身影——白色滑翔機樣的北極鷗，和看上去一襲黑衣的厚嘴崖海鳩相比，反差很大。這些白色的滑翔機就在海鳩們聚集的岩石上空盤旋；起先，我還以為牠們在搜尋小魚，可看着看着，卻發現一隻北極鷗向一小群棲息的海鳩衝去，海鳩們立刻騷亂起來，紛紛用牠們的厚嘴努力地驅趕北極鷗，北極鷗找不到任何突破口，只能向天空飛去。北極鷗為甚麼要襲擊海鳩呢？北極鷗的體形雖然比成年海鳩略大，但還不至大到能吃掉牠的地步。海鳩的騷亂卻使我發現，在一個能站下十幾隻海鳩的小小岩台上，外圍站着一圈成年海鳩，而裏面包圍着幾隻小小的毛毛球兒，那是牠們的嬰兒——不到一個月的雛鳥。

原來，在這裏，北極鷗居然充當着捕食性猛禽的角色！強忍着刺鼻的惡臭，我要求負責開船的俄羅斯水手在這片棲息地多停留一會兒。當然，這個要求未免有點兒強人所難，但他還是同意了，這得以讓我觀察到北極鷗的一次又一次俯衝、襲擊，但遺憾的是，我觀察到的每一次襲擊事件，都以北極鷗被驅趕出海鳩群結束。看來，捕食性猛禽的角色並不是好當的。正在遺憾之際，忽然，俄羅斯籍水手衝我喊了聲「切伊噶——」（海鷗），我循着他手指的方向望去，一塊剛剛露出海面的礁石上，一隻成年的北極鷗正在肢解一具絨毛未褪的小海鳩屍體，屍體很新鮮，白毛黑羽間露出鮮紅色的體腔。此時，北極鷗把巨嘴伸進體腔，扯出一團內臟，一口吞到肚裏，緊接着又是一口……，吃完內臟，似乎意猶未盡，牠又開始撕扯屍體腿部的毛皮，待撕開一條縫，露出粉嫩的腿肉，又是一番啄食……，畢竟腿部的肌肉長得很結實，北極鷗不得不使出全身力量去撕扯，但撕扯力度過大，食物一不小心掉落到了水裏。北極鷗趕忙撲扇着翅膀游到冰冷的水中去追那來之不易的食物，此時忽然海面上起了風，還下起了雨，北極鷗好不容易才趕上那團瞬間已漂離岸邊很遠的食物，叼起那食物的一角，卻找不到任何着力點去撕扯，在嘗試過幾次徒勞的努力後，牠悻悻地飛離開去。

在水中試圖肢解屍體的北極鷗

肢解厚嘴崖海鳩雛鳥的北極鷗

結束一天的考察回到船艙，吃罷晚餐，當圖書室那特有的熱咖啡香味飄向船艙頂板的時候，我同鄰座的一名動物學家談起北極鷗的食性來。據他介紹，北極鷗主要是以魚蝦為食，當然也和眾多鷗類一樣，對於腐肉和船上拋棄的垃圾也不會放過，至於捕食，偶爾也會有的；因為牠們是地道的機會主義者，如果有順手牽羊的機會，當然是不會錯過的。雖然目前是厚嘴崖海鳩的繁殖季，雛鳥大多幼小，把如此頻繁的不成功襲擊當作「順手牽羊的機會」來看待，是否有些勉強呢？我仍心存疑問。

第二天一早，抗冰船開到了斯匹次卑爾根島南部一個風平浪靜的小海灣處停泊，我看見遠遠的，有兩隻北極鷗虎視眈眈地站在靠近岸邊的一塊大礁石上；忽然，北極鷗腳邊的「石頭」移動了一下，我趕忙拿過望遠鏡，在鏡中的視野裏，「石頭」居然是一個深褐色的「毛毛球兒」，正張着巨大的喙向兩隻成鳥乞食，希望能從父母的胃中獲得些反芻出來的食物吃。可令我驚異的是，眼前的「毛毛球兒」，居然比成鳥的體形還大！

一對正在育雛的北極鷗

北極鷗雛鳥（已長得很大）與成鳥

厚嘴崖海鳩、北極海鸚、侏海雀、白翅斑海鴿、大海雀（已滅絕）

昔日的斯瓦爾巴群島，曾經有一種和南極企鵝長得很相像、不會飛的大鳥——大海雀。無比遺憾的是，由於人類的荒率與貪婪，這種神奇的大鳥於 1844 年從地球上永遠地消失了。可在我心裏，只有牠，才堪作這片聖潔領土的「保護神」，並且還執拗地幻想着：這可愛的大鳥會不會還在北極的某一隅殘存於世呢？

還記得第一次到北極的時候，和所有初到極地的人一樣，很興奮！上船的第一天，就整日攥着望遠鏡，蜷縮在駕駛室的一角觀察和記錄過往的海鳥。

一整天過去了，看到最多的是：展翅翱翔的暴風鸌和銀灰色的三趾鷗。隨後，第二天過去了，除了吃睡和登陸考察，我依然趴在窗前……黃昏時分，船頭傳來幾聲啪啪啪的撲翅膀聲音，我以為是普通鸕鷀或其他甚麼鳥，可定睛一看啊，竟然是隻胖胖身子、小小翅膀、背側面全黑、腹側面全白的鳥正從航道上撲翅離去。牠逃跑的樣子可實在不敢恭維，肚子貼在水面上，兩隻翅膀用力地、笨拙地打着水面，於是乎，水花四濺，身後拖出一條長長的白浪痕跡……這，可太像南極的企鵝了！難道是大海雀？！我的心咕咚咕咚開始激動地跳起來，可還沒來得及激動 2 秒鐘，太像企鵝的鳥竟然從水面上騰空而起……

海面上的金圖企鵝

海面上的厚嘴崖海鳩

儘管我的心率還沒降下來，但答案已經明瞭，不是大海雀，但肯定是大海雀的親戚，也不錯啊！我很會給自己解心寬……

厚嘴崖海鳩

厚嘴崖海鳩

午夜時分，甲板上的陽光已經躲到雲彩背後去了，北冰洋又被充滿水珠兒的濃霧給罩住了。我趁羽絨服還沒有濕，趕緊回到船艙，來到我喜歡的圖書館，脱去羽絨服，把它搭在木椅的靠背上，給自己泡了杯熱巧克力，往茶几上那麼一放，讓那些細碎的可可末兒慢慢溶化，待它們溶化的同時，從旁邊最熟悉的書架一角拽出一本北極鳥類野外手冊出來。翻到海雀科，哦，大海雀在這個群島上的親戚還真不少呢！厚嘴崖海鳩、侏海雀、北極海鸚、黑翅斑海鴿……

對比描述記錄和幾種鳥的地理分佈圖，又回憶了剛剛觀察到的鳥的特徵，看來與之最相像的，有崖海鳩和厚嘴崖海鳩，不過要等獲得清晰的影像資料後才能鑒定。

不知不覺，船開到了王灣西側，來到一處沉積岩質地的海蝕崖下面，有很多在這裏做窩的鳥兒；沒錯，黑身白肚，就是昨晚看到的「會飛的企鵝」的模樣。牠們的背部、頭部和喙都是黑色的，腹部則是白色的。還有體態，牠們昂首挺胸地站立在岩石上的樣子神似南極的企鵝，原來是厚嘴崖海鳩。這種鳥在鑒別的時候有一個地方需要注意，它與北極圈裏的另一種鳥——崖海鳩長得實在太像了，一樣的體色佈局，一樣的姿態，只能從頭部特點上區分，崖海鳩有一道白色的眼線，而厚嘴崖海鳩的眼線是黑色的，喙要厚一些，下頜有一道白色的長斑。

我看見，牠們特別喜歡在懸崖上突出的岩台上棲息，這些岩台的位置對牠們來說，不僅僅是棲息那麼簡單，這裏是牠們育雛的巢，儘管這個巢很不像樣子。對於很多鳥而言，築巢是生命中很複雜的一件事，例如在城市樹冠上辛勤築巢的喜鵲；用口水築巢甚至能嘔出鮮血的金絲燕；還有非洲的織巢鳥，其打結技能堪比一個熟練的編織工。而厚嘴崖海鳩的巢，僅僅是找到一個略顯平整的岩台，然後，在上面下一個小小的蛋。這樣的岩台大約只有 0.3 平方米，如果這個岩台有 1 平方米大的話，可能會有 4 隻甚至更多的海鳩集中在一起育雛。當雛鳥破殼後，這些家長會把雛鳥集中到岩台靠近崖壁的一側，成鳥則圍成一個圈兒，站在岩台外側，這樣不僅僅是為了防止雛鳥的不慎跌落，更重要的是，在育雛期，這些顯而易見的岩台還是北極鷗、賊鷗甚至北極狐這些天敵覓食的主要目標。由此可見，在懸崖上選擇作巢岩台的位置，就顯示出成鳥的智慧和搶佔先機的能力了。太高、太低或靠邊的位置都不好，處於懸崖上方的位置距離崖頂比較近，北極狐甚至冒險過來碰運氣，牠們會很容易接近並吃掉鳥蛋或雛鳥；而太靠下的位置距離海面比較近，很容易受到海浪和潮水的侵害。因此，只有靠近懸崖中心並且上面覆有岩棚的位置才是首選的育雛地點。

懸崖上的厚嘴崖海鳩

即使如此，賊鷗和北極鷗們也會不斷在這些岩台附近盤旋找機會下手，只要有包圍圈出現缺口，牠們就會毫不客氣地用帶鈎的喙將雛鳥叼走或拽下岩台。因此，厚嘴崖海鳩對待這些強勁的天敵幾乎沒有還擊的能力，牠們選擇了聚群而居；因此，小小的一片懸崖，往往會成為很大一群海鳩築巢的棲息地。在群島主島東側有一段長不過 3 公里的黑色玄武岩崖壁，卻集中了 12 萬隻海鳥築巢，其中一半以上是厚嘴崖海鳩。由於玄武岩的柱狀結構經風化、變質和侵蝕，產生出許多獨立的天然台階，這樣的山體，對於厚嘴崖海鳩來説，可謂得天獨厚，每年初夏，數萬隻海鳩齊聚懸崖，喧囂的鳥鳴聲在幾公里遠的地方都能聽到；而到了秋季，海鳥們紛紛飛往南方過冬，本來漆黑的山體早已被日積月累的鳥屎染成了粉紅色。

正準備潛入水中的厚嘴崖海鳩

厚嘴崖海鳩的巢區

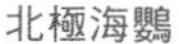

北極海鸚

飛翔中的北極海鸚

在冰海中游弋的北極海鸚

北極海鸚

北極海鸚的體形比厚嘴崖海鳩略小，雖從總體上也是黑身白肚的配色，但牠那張過於誇張的大嘴會令你過目不忘。牠的喙和腦袋幾乎一樣長，從側面看，像個歪嘴的大桃子。前端是耀眼的朱紅色，相間或深或淺的條紋，靠臉的一側鑲嵌了一個桃形的大灰斑。就是這樣怪異的大嘴，還附贈了一張滑稽的大白臉；最有意思的是牠的眼睛，像馬戲團的小丑那樣，被三角形的黑色眼線勾勒住。如果起飛，你會發現，牠的黑身白肚的配色並不像厚嘴崖海鳩或者企鵝，牠背部的黑色範圍會在頸部延伸至前方，像圍了條黑圍巾。

這種鳥在群島的數量比厚嘴崖海鳩少，可分佈面積一點也不小，群島周邊的各個海域都能觀察到。雖說海雀科家族個個都是捕魚能手，但北極海鸚似乎更擅長炫耀，牠那張厚重的大嘴，能同時在已經叼住幾條小魚之後繼續捕魚，我們經常能夠觀察到嘴邊掛滿一整排小魚的北極海鸚以極快的速度回巢，以防中途被暴風鸌、北極鷗等大鳥打劫。牠們的巢與厚嘴崖

牠能夠在水面上奔跑起飛

晨起

海鳩的巢有很大不同，牠們是穴居的，洞穴有時是自己挖的，有時也利用懸崖上的天然洞穴。我曾在一天清晨，在一堵海石崖前繪圖，忽然，從一個不起眼的小窟窿裏跳出一隻北極海鸚，牠不屑地朝下看了看我，扇了扇翅膀，一轉頭，朝外噗的一聲，一股紅白相間的鳥糞落在我剛剛畫好的圖紙上……

侏海雀

在大海雀現存的親眷中，群島上還分佈着一種小個子海鳥，這從牠的名字就能知道，牠叫侏海雀。最初與牠打交道的時候，是一個灑滿陽光的午夜，在朗伊爾城東側最高的山上，我正沿着覆滿苔蘚的山坡向上攀登，試圖找到更多的苔原植物種類，這裏的一株樹（極柳）只有 1~3 厘米高，植物矮小到令人抓狂的地步，只能長時間俯下身子或蹲在地上才能發現；因為只顧着眼前和腳下，不知不覺爬到了接近山頂的地方才發覺這山實在太陡了，超過 50° 的斜坡居然是「冰河世紀」留下的岩屑錐，看似綠油油的表面其實全是假象，薄薄一層苔蘚下面，全是冰川積水沖下來的岩屑——十分鬆散的碎石頭，稍稍挪一挪腳，地面就成片成片地往下滑。再仰頭一望，啊！岩屑錐的頂端居然是陡峭的懸崖，由於長期的「冰楔作用」，大塊大塊的岩石早已崩解成無數細小的碎塊，只是一時間還沒有彼此分崩離析而已，既扶不得，也踩不得，看來，往上面爬，爬到山頂再從緩坡下來顯然已不能夠，而從岩屑錐上下來，也絕非易事；正在躊躇間，忽然驚動了住在頭頂碎石岩台上的小鳥，撲啦啦地紛紛起飛，在我眼前不大的一片天空中像鴿子般一圈一圈地盤旋起來，並發出好聽的、類似於敲擊簧片般的琴鳴音，真是太奇妙了！

我索性在碎石堆上靜靜地坐了下來，細細享受這天籟般的聲音。崖壁上棲息的小鳥不止一窩，不斷有小鳥加入到盤旋的隊伍，也不斷有小鳥回落到岩台上。我觀察了歸巢的小鳥，居然又是一種黑身白肚的鳥，小小的身體卻頂着個大大的頭，正從頭頂的岩台上探出來，一副憨憨的樣子盯着我。我立刻判斷這無疑又是一種海雀，並且是一種體形很小的海雀。此前，我曾聽歐洲同行説，在這個峽灣中，有一種喜歡在高山上築巢的小型海雀叫「Little Auk」，「Little」是小，「Auk」是海雀，而這種鳥的中文名稱不能直接翻譯成「小海雀」，小海雀是「小海雀屬」6 個物種的統稱，而眼前的「小海雀」是不折不扣的「海雀屬」成員，也就是大海雀的近親，好在我們中國人的詞匯比較豐富，「侏海雀」就成了牠正經八百的學名。

我與小鳥們一邊對視，一邊聽着空曠的雲間漸遠漸近傳來的敲擊簧片般動聽的琴鳴音，彷彿置身世外。

我小心地在懸崖上為這些小鳥拍攝了清晰的影像。

在岩石上停歇的侏海雀

侏海雀巢區——聽鳥唱歌的地方

鳥歌山遠望

在空中飛翔的侏海雀

一隻展翅欲飛的侏海雀

2015 年夏天的考察季，一天清晨，探險隊長告訴我，附近有個叫「鳥唱歌的地方」，如果有興趣，可以看一下。鳥唱歌的地方？難道北極也有百靈鳥兒？

我們在一片陰冷的峽灣深處泊下船，探險隊長把我們帶到一處近代冰川側磧的亂石堆旁，對我們說：「到了。」可眼前既沒有唱歌的鳥，也聽不到任何鳥的歌唱。我問他：「是否就是這裏？」他很肯定地說：「是的。」他示意我坐下，我一屁股坐在被苔蘚覆蓋的碎石塊上；咦，這樣的感覺怎麼似曾相識呢？等我們都在各自的位置上安頓下來，並靜靜地坐上一會兒，一些小腦袋陸續從岩石縫裏探出來，愈來愈多，先是黑色的腦袋，然後是黑色的胸脯、白色的肚皮，再展開小小的、與胖胖的白肚皮不相匹配的黑翅膀，我看到了，在我眼前是成百上千隻侏海雀，牠們紛紛起飛，集成小群，在天空中盤旋，繼而，小群集成中群，中群再合成大群，熟悉的、敲擊簧片般的琴鳴音在雲間迴蕩，忽遠忽近……

白翅斑海鴿

在侏海雀居住的山崖間，我還注意到，經常會混有一種全身黑羽、翅膀上各有一塊白斑的小鳥，也像是海雀家族的成員。牠們的大小介於侏海雀和北極海鸚之間，長得曲線玲瓏，有美麗的長脖子和尖尖的喙，一看身材便知，這種鳥是游泳健將。

這就是白翅斑海鴿，海雀家族體形最棒的潛泳高手，流線形的身材好似一個完美的水下推進器。牠們會到表層水以下的地方去襲擊魚群，那裏的魚相對比較大，因此我們經常看到牠叼着與自己的體形很不相符的獵物從海面起飛。

別看牠在海雀家族中身材算是最瘦削的，可牠的耐寒能力令人驚愕。在群島北側北緯 80° 以上海域，那裏接近北冰洋的夏季海冰，海面上漂着浮冰，我們很少再觀察到其他海雀科的鳥類；但在潔白的海冰與深藍的海水間經常能看到一小串瘦削的黑影，當大船開近時，鮮紅的大腳和翅膀上的白斑格外引人注目，哦，白翅斑海鴿！

一隻鳧水白翅斑海鴿

從冰海上起飛的白翅斑海鴿

在浮冰上休憩的白翅斑海鴿

捕到鱈魚

牠們能在遠離海岸的山崖間築巢

大海雀（已滅絕）

關於大海雀（已滅絕）的經典問題解答：北極熊為甚麼不吃企鵝？

不知從甚麼時候起，互聯網上就流傳開一個經典問題——「北極熊為甚麼不吃企鵝」，撩起了人們無盡「瞎想」——「因為北極還沒有修機場，北極熊太懶，不想走到南極」；「毛多，塞牙」；「看着害怕，遠看光溜溜的，哪知道走近一看還有毛。心裏想：這啥東西啊，怕是吃不得吧」；「嘴不夠長」；「北極的企鵝進化成了北極熊」；「牠們相愛了」……

人家也問我這問題，我說：北極熊吃企鵝？牠吃過啊！怎會不吃呢？吃得可美呢，只是你沒緣分看見罷了。

這並不是癡人在說夢！

説到北極熊吃企鵝的問題，還得從北極的企鵝談起。500 多年前，歐洲的早期航海家們，在北極附近的一些島嶼上，發現了一種從後面看是黑色、從前面看是白色的大鳥，這鳥有兩隻小小的、不會飛的翅膀，身高將近 1 米，長得很胖，走路的時候一搖一擺，下坡的時候一蹦一跳，真是可愛極了。牠們無憂無慮地生活在北冰洋周圍那些平坦得像塊雞蛋餅樣的島嶼上。實際上北極的這些平坦島嶼，彷彿就是為牠們量身定做的一般，這些島上根本不適合那些會飛的海鳥棲息；因為會飛的海鳥在起飛時需要借助上升氣流，所以牠們一般選擇有懸崖峭壁的島嶼。沒有了那些惱人傢伙的競爭，不會飛的海鳥便佔領了這裏，實際上牠們也根本不用飛，牠們個個都是游泳高手，北冰洋裏豐富的小魚小蝦就足夠牠們果腹的了。人們把這種動物稱作「penguin」，這個名字在它的拉丁文學名「Pinguinus impennis」中還有所保留。

後來，航海家們又來到了南極海，在一些島嶼，居然又看到了「他們所熟悉的北極動物」——「從後面看是黑色，從前面看是白色的，有兩隻小小的不會飛的翅膀，長得很胖，走路的時候一搖一擺，下坡的時候一蹦一跳，真是可愛極了。」penguin！penguin！人們歡呼着，以為這種滑稽的動物分佈在地球的兩端。其實，這兩種鳥，一丁點兒親緣關係也沒有。

可就在人們在南極歡呼着發現 penguin 的時候，北極的 penguin 卻迎來了牠們的災難。在艱苦的北冰洋上，船員們很快就發現 penguin 實際上是一種經濟實惠、隨時隨地均可獲取的資源，牠們不會飛，還傻傻的，很容易就能大群大群地趕進舢板或屠宰場，於是晚餐就能有大鍋大鍋肥美的燉肉吃。由於 penguin 體內富含油脂，直接把牠投入火塘，也是很不錯的燃料，所以用 penguin 煮 penguin，成為當時的一道海上美食。

人們魯莽草率的行為總是會帶來不可挽回的後果。當船員們在寒冷的極地一邊烤着 penguin 火，一邊大嚼 penguin 肉的時候，舊大陸上的博物館和貴族也在大肆收集着這種珍奇異鳥的標本。結果是，這樣的情況沒有持續很長時間，1844 年初夏的一天，在冰島附近的一座小島上，3 個為了獲取高額賞金而到此搜尋標本的獵人，向我們星球上最後一對正在孵蛋的北極 penguin 頭上掄起大棒……最後一隻鳥蛋由於上邊有裂縫，不能被做成標本，也被當場擊碎。

自此，penguin 的名字正式讓給，也只能如此正式地讓給了南極的夥伴，penguin 翻譯成中文就是「企鵝」。而貨真價實的 penguin——那些消逝的北極大鳥，後來被譯作大海雀。

北極熊是北極的老大，老大的主食是海豹，可老大，也有選擇副食的權利！其實，在北極老大的菜單上，除了主食外，還有鳥、魚、海藻、漿果，甚至還有臭豆腐味兒的發酵食品——腐肉。

沒錯，在 200 多年前，「企鵝」，的確是北極熊的食物。

我照片上的這具標本很珍貴，有多珍貴？如今，世界上只保留下很少量的大海雀標本；而這具標本，堪稱保存得十分完美！我曾搜尋過許多自然歷史博物館，也沒找到一具能和這具相媲美的。經允許，我獲得了它珍貴的影像。

丹麥皇家花園收藏的一具大海雀標本

這是去年我在南極半島納克港拍攝的金圖企鵝；瞧，它們是不是很相像？

南極的金圖企鵝

按：企鵝和大海雀雖然長相相似，但實際上兩者幾乎沒有親緣關係。企鵝是企鵝目的鳥，只分佈於南半球。大海雀是鴴形目的鳥，歷史上也從不越過北回歸線，牠和同屬鴴形目的各種海鷗親緣關係倒是非同一般，所以你也可以把大海雀理解為一種長得過胖不會飛的海鷗。

天空飛來三種鷗

三趾鷗、白鷗、短尾賊鷗

三趾鷗

三趾鷗

在 2013 年以前，我對三趾鷗的印象，不過是一種不起眼的海鷗而已。這種海鷗，與北極的各種海鳥相比，無論是個頭、毛色、捕魚技巧，都沒啥出眾之處。論個頭，比不過大塊頭的北極鷗；論毛色，也沒有北極海鸚長得花俏討喜；論飛行技巧，不如暴風鸌能夠在極端天氣來臨時還在海面上矯健地飛舞；論游泳，也不如白翅斑海鴿一猛子扎下去潛出很遠才冒出頭，可謂是「要甚麼沒甚麼」。無非就是一種腹面是白，背面為灰，黃嘴黑腳的海鷗而已；而在海鷗家族裏，像這樣的裝扮，從南極到北極，一抓可以抓出一大把來。可為了給學生的野外實習提供方便，每次去北極前，我還是依據其特點把自己編的鑒別歌訣唸給大家聽：白頭白腹一海鷗，黃嘴灰翅體形中，每腳只有三個趾，黑色翅尖便尋蹤。是的，三趾鷗以每隻腳只有三個腳趾而得名。絕大多數鳥都是有四根腳趾，前三後一，以供抓握樹枝。而三趾鷗長年生活在北冰洋上，終其一生，也難得棲息在樹上一回；因此後面那根略嫌多餘的腳趾就退化掉了，前面的三個趾間進化出了發達的腳蹼，使之更方便在海上生活。

2013 年 7 月底，我來到摩納哥冰川（斯匹次卑爾根島北部）前緣冰川的入海處，那裏地處北緯 79°30′ 的樣子，是一面很高的冰川橫截面，有 5 公里長，近百米高，儘管有這樣高度和寬度的冰體在南極再普通不過，可是在北極，這樣的冰體卻堪稱奇觀。盛夏，正是冰川前緣頻繁發生崩塌的時節，塌下來的冰塊，大個頭兒的叫做冰山，隨海浪漂走，流入大海，成為船舶的威脅；那些小塊頭兒的，有些被沖上岸灘，有些還未漂出峽灣就已經消失殆盡。當時，在摩納哥冰體前緣的峽灣裏，擠滿了大大小小的冰山和冰塊，而靠近冰川前緣的方向，仍舊還不斷傳來隆隆的崩塌聲。

我看見水手駕駛着衝鋒舟在大小冰山間小心穿行，離大冰體愈近，船開得愈慢。我遠遠便已望見，幾乎每座臨近大冰體的冰山上，都覆蓋着一

摩納哥冰川前飛舞的三趾鷗

從浮冰上起飛的三趾鷗

個個顆粒狀的白點；我知道，那是停歇在冰塊上的一種鳥，很多，不時起飛。等船到近前一看，原來是三趾鷗，牠們挨挨擠擠地待在一起，並不十分怕人，一時間，湖藍或潔白的冰塊、碧色的海水、乾淨的海鷗成百上千隻待在你的身邊，讓人有一種強烈的「超現實感」。

衝鋒舟在冰與鳥的「叢林」間不緊不慢地從容穿行，我們船上的隊員們無不珍惜這絕佳的機會屏息觀察、攝影，被眼前的情景所震撼。誰知，更大的震撼還在後面！待穿過「冰山陣」最末一排冰塊兒後，眼前豁然開朗，百米高的蔚藍色冰牆就矗立在眼前，更多的，數以萬計的三趾鷗在這巨大「背景牆」的映襯下在空中盤旋、鳴叫。我們非常想把船靠過去看個究竟，但「老極地」們都知道，大冰崩隨時會發生，如果不顧一切地靠過去，萬一被冰崩引起的波浪把船掀翻，那可不是鬧着玩兒的。

於是乎，大家紛紛把衝鋒舟停在距離冰牆 500 米遠的地方一動不動，感動着這難得一見的奇觀。透過望遠鏡和照相機長焦鏡頭，我們看到，這完全是由一種鳥組成的大群體，儘管大冰牆前並沒有供立足的冰塊，並且時時有冰崩引起的海浪，可牠們仍然執拗地飛翔在這危險海域的上空，這裏一定有甚麼吸引着牠們。原來，看似冰冷的海水，其實裏面的生物量非常大，深層海水中生活着大量的冷水魚。夏季裏，幾乎每一次冰崩都能產生強大的渦流，而深水中的魚群經常被這些渦流帶到上層水體，成為三趾

在藍色冰山上棲息的三趾鷗

三趾鷗的頭部殘骸

鷗的美食。因此，三趾鷗就追逐尋覓經常能產生渦流的地方而來，並愈聚愈多，夏季的冰川前緣，無疑是最穩定的食物供給基地。我曾看見有三趾鷗叼着很大的魚從水面起飛，很驚異牠們強大的體力和捕獵技能。在王灣，我曾撿到過一個被北極狐吃剩下的三趾鷗殘骸。小北極狐是種很聰明的動物，牠們會利用海岸上的各種掩體來襲擊海鷗。

這個殘骸只剩下一個頭，從而使我能夠有機會觀察三趾鷗的口腔內結構；我發現，三趾鷗口腔裏長着很多向咽部方向生長的倒刺，這些倒刺可以疏導體形過大的魚向下吞咽，並且不容易從口內滑脫。

至此，三趾鷗，在我眼裏一改以前的「不起眼」印象。

白鷗

白鷗

白鷗是一種喜歡在極冷環境下生活的海鷗，這種鳥，愈往北愈多，在北緯 80° 以北，進入夏季海冰區後，斯島常見的海鷗家族成員幾乎只剩下白鷗了。一位專門研究鴴形目鳥類的俄羅斯籍專家，曾在船上撿到一片白色的纖羽，這種羽毛介於正羽和絨羽之間，位於中層。令人驚異的是，這根纖羽的羽軸上居然長有兩種截然不同的羽枝，除一根主軸上面發育出毛髮般的纖羽羽枝外，在羽軸靠近根部的地方居然有一根長長的絨羽！他告訴我，這是 Ivory Gull（白鷗的英文名稱意思是「象牙鷗」，即如同象牙般潔白的海鷗）的羽毛；你看，這種羽毛在其他種類的鳥身上很少見到，這樣無形中增加了絨羽的量，讓鳥變得不怕冷。在遙遠的北極，這種純白的海鷗到底靠甚麼來維持生命呢？我們的船在夏季海冰上破冰前行，這裏可以相對容易地觀察到最強大的極地霸主——夏季營養狀態良好的北極熊；然而，我們觀察到，白鷗似乎比我們更喜歡北極熊，有北極熊的地方，白鷗明顯就多，這使我們推測，白鷗的夏季食物中，有很大一部分來自北極熊的殘羹剩飯。由此看來，北極熊一年都不寂寞，極夜的半年時間裏，海冰與陸地連接，北極狐會走上冰面和牠做伴兒；到了極晝的半年時間，雖然海冰與陸地分隔，可白鷗會飛過來陪伴牠，但這一切都是有償的，牠付出了自己的剩飯。

正常的羽毛

白鷗的羽毛

出入於浮冰間的白鷗

短尾賊鷗

一般提起賊鷗，人們大多會想到南極，因為賊鷗是企鵝「世人皆知」的天敵。殊不知，賊鷗是鴴形目鷗亞目賊鷗科下面 5 種鳥的通稱，人們所熟知的那種南極「企鵝天敵」只是其中的大賊鷗，而在斯瓦爾巴群島，還有一種最漂亮的賊鷗屬成員——短尾賊鷗。短尾賊鷗有淡色和暗色兩種色

在苔原上警戒的短尾賊鷗雄鳥

型，在斯瓦爾巴群島最常見到的是淡色型，這個色型在初夏季節即換上一身清新高雅的「盛裝」。你看牠：頭頂至眼周部為深色的「高級灰」，臉頰向後是白色的絲狀羽，由頸部、背部至尾部又是由淺至深的「高級灰」，胸脯以下、腹部和臀部為白色。最美的身形曝露在起飛的一瞬間：張開細長的雙翼，展開扇形的尾羽，這時可以看見牠尾羽中間的兩根呈短短的尖錐狀，直直地向後延展，這也是牠中文名稱的由來。牠也是北極最常見的賊鷗屬鳥類，為了與南半球的大賊鷗相區別，歐美的鳥類學家也稱牠為「Arctic Skua」，即北極的賊鷗。與王絨鴨、歐絨鴨、白頰黑雁一樣，短尾賊鷗也是一夫一妻制，繁殖期分工協作，雌鳥趴在苔原上孵蛋，雄鳥負責警戒。但有所不同的是，歐絨鴨與白頰黑雁的家庭雖然一夫一妻，可人家是聚族而居，幾個甚至幾十個家庭聚在一起，一個巢區可以浩浩蕩蕩擺滿一海灘。而短尾賊鷗呢？牠們偏偏不喜歡熱鬧，每個家庭相聚很遠很遠，很少有兩個家庭佔據同一片苔原的時候。我認為，這與牠們的食性有關；因為賊鷗科成員幾乎人人都是「綠林」出身，打劫其他海鳥的漁獲是其主要的採食手段，地盤就那麼大，海鳥就那麼多。「打劫」的機會呢？也就那麼多，如果兩夥「強盜」住得太近，不但競爭壓力會加大，而且長此以往，這片地盤上的海鳥也會遲早因忍受不了而離開。因此，劃分出一個相對大一些的勢力範圍，有益於自己的生存，同時避免紛爭；而獨居所帶來的安全感不足，在這方面以牠們精良的武器和兇猛的性格來彌補。其實，在斯瓦爾巴群島上，對雛鳥和鳥蛋感興趣的「小賊」，就是北極狐，北極狐的體形和貓一般大小，體形上高大威猛的「空中強盜」對付貓一樣大的「毛賊」還是綽綽有餘的。在育雛期，雌鳥會選擇地勢比較低、草比較高的苔原地帶做巢孵蛋，而雄鳥會選擇地勢比較高的地方站崗放哨，一旦有小北極狐被牠那鷹一般的眼睛發現，不等靠近，牠就會即刻起飛，從空中給予嚴厲的打擊。許多北極影像都曾記錄到短尾賊鷗驅趕小北極狐的鏡頭，雄鳥會從半空中猛衝下來，用前端帶有彎鉤的「鐵嘴」猛啄北極狐的頭臉，甚至眼睛，其結果總是小北極狐敗下陣來。而遇到強大的對手，例如更加高大威猛的人類，短尾賊鷗也有自己的辦法。在苔原上工作的時候，我經常能夠與站在高崗上瞭望的雄鳥遭遇，其實在你還沒發現牠的時候，牠那雙鷹眼已經死死地鎖定你了，牠會不轉動眼珠地盯着你看，一旦進入巢區警戒範圍，牠就會起飛，繞着你低空盤旋，待你注意到牠時，牠會朝着雌鳥所在位置的反方向落下去，引開你。每當這時，我都會乖乖地退回到來時的路，然後向這位稱職的「強盜」父親行一個注目禮，轉過身，悄然離去。

飛翔中的短尾賊鷗

一隻雄鳥在牠的巢區上空翺翔

展翅欲飛的雄鳥

在潮間帶上忙碌的小水鳥

濱鷸、灰瓣蹼鷸、紅喉潛鳥

我們通常在形容「不常遇見」或「一不留神就容易忽略過去的東西」時，總喜歡在前面加個「小」字，如櫻桃、桑葚、樹莓、山杏之流相對大路貨的香蕉、蘋果、大鴨梨而言，都管它們叫「小水果」；炒肝兒、艾窩窩、豌豆黃兒這類吃食相對正餐，我們叫它們「小吃」。

在斯瓦爾巴群島潮間帶上漫步時也是，偶爾你會發現一些不起眼兒或不常見的水鳥從你身邊一忽兒地游過或飛過，不等你去觀察，早已跑得無影無蹤；於是乎，我們這些在潮間帶上工作的人們就給牠們起了一個共同的名字——「小水鳥兒」。

濱鷸

一隻在灘塗上覓食的紫濱鷸

濱鷸就是這樣的小水鳥兒。鴴形目是個很大的目，世界上凡是名字裏有鷗、鷸、鴴這仨字兒的，幾乎都是這個目的鳥，而鷸科又是很大的一個科，共 29 屬 77 種，牠們有一個共同的特徵，就是長嘴、高腳、身材纖瘦。此外，這個科裏的鳥對服裝的審美高度統一，其中 60% 以上的種喜歡穿灰褐色帶麻花的褸。這就令人十分難辨了，好在斯瓦爾巴群島上的鷸種類不太多，最常見到的，又只有濱鷸；所以只要記住牠的特徵，至少就能叫出大半個沙灘鷸的名字。

在這些濱鷸中，大部分是紫濱鷸，也有少量的黑腹濱鷸。牠們的行為習慣差不多，大部分的時候，都會用尖錐一樣的長嘴，低頭在沙灘或淺水裏戳啊戳的，配合緊湊的步伐和輕快的搖頭動作，彷彿永遠不知疲倦。我工作累了，經常坐在距離潮間帶不遠的石頭或漂木上看這些忙碌的小鳥兒；我知道，牠們特別喜歡吃那些水裏的小甲殼類動物和沙子裏的蠕蟲。但有

在海藻堆裏覓食的紫濱鷸

在腐敗海藻中生長的蠅類幼蟲

時候，也喜歡到褐藻堆裏去找吃的，牠們去找甚麼呢？我用小木棍仔細地扒拉沖到岸灘上的褐藻，有很多都已經軟化了，黏糊糊的。忽然，上面蠕動着的白色蟲子引起了我的注意，哈，我一下就找到了濱鷸在這裏的食物，原來是它們：蒼蠅的幼蟲——蛆！說到吃蛆，你可別以為濱鷸的食物很髒，恰恰相反，北極的海水很潔淨，褐藻也是喜歡潔淨水體的藻類，夏季冷涼的環境也不適合有害菌生長，即使海藻軟化也不易腐爛，更不易被其他髒東西所污染；而裏面的蛆呢？也只吃這一種食物。因此，聖潔的北極，就連蛆，也都是乾淨的。

灰瓣蹼鷸

一隻正要起飛的灰瓣蹼鷸

灰瓣蹼鷸是種極其特殊的鳥，首先是牠的名字。一般叫「鷸」的鳥，都是涉禽，所謂「涉」就是蹚水的意思，牠們都喜歡在淺水覓食，不會游泳，有長長的腿腳，在水中蹚着走。而瓣蹼鷸不僅能用長腿在水裏蹚着走，還能在水中游那麼幾下。而「這幾下」就得益於牠特殊的腳，同時也是牠得名的原因——具有一雙特殊的瓣蹼足。這雙足，前趾長有葉瓣狀的蹼膜，而趾間的蹼膜並不癒合。當然，也有人把「瓣蹼」寫作「半蹼」；因為足趾間的蹼膜不癒合，介於涉禽（如鷸）和游禽（如鴨子）之間。這樣的足，是既能夠在淺水中蹚水而行，遇到深一點兒的水也能游那麼幾下，而到了真正的深水，可就不那麼管用了，好在這鳥兒也不怎麼到深水去。這樣的進化是有很大意義的，因為水淺的地方被鴴、鷸等涉水鳥所佔據，深水又是海鳩、海雀、海鸚捕食的場所。而半深水恰恰沒啥人佔據，同時那裏的食物量也是不容小覷的；因此，這些鳥就進化出這種似乎「模棱兩可」的足來，開發那片還沒被佔的「處女地」。同時，趾間有了蹼膜，蹚水的時候阻力大了，很容易攪動起水底的泥沙，這鳥就發明出一種奇特的游泳方式。這種游泳方式在水面看，似乎是一種旋轉式的舞蹈；而從水下看呢？又像是在跳踢踏舞。在半深水區，這樣的「舞姿」能夠把趴在水下泥地上的小軟體類、小甲殼類、小蠕蟲類的食物翻到水面以上；而更深一點的地方，又能把浮游生物攪成一團，浮於水面，並聚在一起，供牠食用。

一隻在水面上起舞的灰瓣蹼鷸

在有些國家，這種鳥的名字直譯過來是紅瓣蹼鷸，這是因為牠在大部分時間裏都是以灰色調為主；但在有些時候，例如北極夏天的繁殖季，就會換上一身鑲嵌有小片黑、白和大片橘紅色的外衣。

此外，和其他大部分鳥相比，灰瓣蹼鷸的雌雄分工是「顛倒」的。在鳥類世界，一般來講，雄鳥的羽色要比雌鳥靚麗，這是因為雌鳥的主要職責是孵化和育雛，需要和環境顏色一致的保護色；而雄鳥在繁殖期的主要任務是炫耀自己的基因，因此需要一身靚麗的羽毛。而在灰瓣蹼鷸這裏是雌鳥的羽色比雄鳥鮮豔靚麗，牠們會極其主動地對雄鳥展開「求偶表演」，一旦雄鳥「上鈎兒」，牠會迫不及待地與之交配、築巢，然後在裏面從容生下 4 枚卵，便再也不會盡一點兒做妻子的職責，無情地揚長而去，另找新歡。而那位可憐的丈夫，只得一動不動地趴在巢上，將自己的孩子孵化出來，再拉扯大……

你不要怪妻子的無情，也沒必要感慨丈夫的無奈；這，就是人家的生活！

紅喉潛鳥

剛才說鴴形目是個大目，凡是叫「鷗」、叫「鴴」、叫「鸘」甚至叫「海雀」的，幾乎都是這個目的成員，斯瓦爾巴群島的海鳥絕大多數種類屬這個目。但在群島上，還棲息着這樣一個家族的鳥，牠們所處的目特別小，僅 1 科 1 屬，全球只有 5 種，這就是潛鳥目。潛鳥是典型的北極鳥類，牠們的分佈區以北極為中心，廣泛分佈於北半球冷涼地帶；而在斯瓦爾巴群島棲息和過境的潛鳥佔到了 4 種，牠們分別是紅喉潛鳥、黑喉潛鳥、白嘴潛鳥和普通潛鳥，僅太平洋潛鳥不在此分佈。

潛鳥目成員的體形可不算小，而較之群島上的其他鳥類，卻屬偶見，因此仍把牠們歸入到「小水鳥」中。在最容易到達的群島南部地區，你最有可能見到並識別出來的就是紅喉潛鳥，牠們是整個潛鳥目家庭中最鮮豔的一種。牠們的脖子腹側面長了一塊栗紅色的、規規矩矩的、三角形的色斑，這是牠最明顯的特徵，也因此而得名。如果忽略毛色，幾乎所有的潛鳥都像一個模子裏刻出來的似的，即長着大大的腦袋、又長又尖的喙、長長的脖子、肥胖如鴨子般的身體和一雙與體形很不相稱的大腳蹼。這樣的身材結構註定在陸地上是個搖搖擺擺蹣跚走路的「弱勢群體」，極易成為北極狐的食物。而在水裏，就不同了，這身裝備是大自然專門為潛泳運動員置辦的！牠們會利用脖子與身體的伸縮配合在水下全速前進，而大大的「鴨蹼」充當了舵和推進器的作用，可一口氣下潛到 40 多米深的地方去捕捉魚蝦和烏賊，而肥胖身體和密閉在羽毛中的空氣又會使其快速上浮至水面。

至今仍記得第一次見到這種奇特動物時的樣子。那天的風特別大，一片海灣中的水面被吹得泛起了波浪，就連成天在水裏游泳的絨鴨都開始隨波逐流的時候，我看到一對紅喉潛鳥在水面上波瀾不

一對紅喉潛鳥

驚，無論水流怎樣湍急，牠們依舊在同一位置靜靜地待着，並且永遠齊頭並進；我想，這樣的本事大概得益於水下那對大得出奇的腳蹼，牠們大概正努力地撥水以使自己在水面上看似穩如泰山。我分不清楚牠們到底哪隻是雌哪隻是雄，因為潛鳥家族的一大特色就是無論男女，體態和羽色均同等對待——幾乎一模一樣！我看到了牠們儀式般的舞蹈，左邊的一隻向左看，右邊的一隻馬上也向左看；左邊的一隻向右看，右邊的一隻馬上也向右看；左邊的一隻抬起腦袋向上看，右邊的一隻還是緊隨。我判斷，左邊的一隻是雄性；因為大多數鳥類，都是雄性負責警戒，而雌性夫唱婦隨。

給寶寶蓋羽絨被的好媽媽

歐絨鴨

歐絨鴨（雄性）

北極的夏季，儘管是夏季，也有 0℃以下的時候，小雨，小雪，小雹子，一下就能讓你從豔陽高照的天堂跌落到陰冷潮濕的地獄。如遇見強對流天氣，還要慘。可是眼前的這位母親——一隻雌性歐絨鴨，卻毫不猶豫地扯下自己胸前最厚的絨毛，她要用它們去做一個溫暖的小窩，她要有小寶寶了。

歐絨鴨（雌性）

北冰洋沿岸的居民待雛鴨離巢後收集鴨絨

這些被扯下的絨毛，是「世界最貴羽絨」。2008 年，「全球最貴羽絨被」以 29.8 萬元人民幣的價格刷新此前被子單件 19.8 萬元的紀錄，而這種被子在 2015 年的售價居然達到了 39.8 萬元。這種「超級被子」的填充物不是別的東西，就是我腳旁的巢材。

此前，我曾在海灘上找到一個雛鴨出殼後的「棄巢」，把手伸到巢裏的感覺是——暖。歐絨鴨的絨羽在顯微鏡下看，並沒有特別明顯的羽軸，它好像是許許多多細小羽枝從一個點突然向任意方向長出來。這樣的結構註定能夠使羽毛與皮膚間形成一層充氣、保暖並隔絕冷空氣的空間。

在育雛之前，歐絨鴨會找那些背風的地方，如潮水位以上的沙坑中、沖上沙灘的倒木背後……用喙收拾出一個淺淺的小坑，然後選取些乾燥而細小的褐藻、髮草莖等堅韌的材料來充當外圍的支撐物，裏面再用那些珍貴的、「世界最貴羽絨」來一點兒一點兒地構築起一個舒適的裏襯，只有築出這樣的巢，才宣告成功。而有些雌鳥在孵化期似乎顯得並不怕人，並且表現出希望借助人的威懾來抵禦天敵（例如北極狐）的侵害。例如我腳旁的這個母親，她選擇了當地人飼養雪橇犬的獸舍旁邊。這些大個子狗的基因直接來源於北極地區的狼。夏季，是這些傢伙「休年假」的時候（牠們冬天上班），所要做的，除去吃喝和睡覺以外，就是伸長脖子，以牠們祖先特有的嗓音，悠長而富有韻律地嚎叫，儘管悠長且富有韻律的嗓音並不動聽，可對於北極狐這些機會主義者來說，是能夠起到震懾作用的；因此，歐絨鴨就選擇了這裏。由於朗伊爾城市民都很重視保護環境，他們並不會去有意破壞牠們的巢，且在這裏建立了一個小小的，僅僅有幾畝地大小的「保護區」，並配有警示牌。因此，這些肥碩的鴨子，可以在離公路

在犬舍旁築巢的歐絨鴨

在灘塗上築巢的歐絨鴨

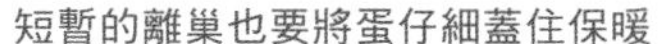

短暫的離巢也要將蛋仔細蓋住保暖

歐絨鴨的卵

不足 2 米遠的地方，安安靜靜地孵蛋；這，在其他地區是很難見到的景象。

一隻趴在海灘上孵蛋的雌鴨，牠的巢材支撐物是各種海藻；當有闖入者侵入巢區的時候，牠會俯下身體，利用自己的保護色和周邊環境融為一體。

歐絨鴨每個繁殖季一般下 4~6 個蛋，在孵化期，雄鳥負責警戒，雌鳥負責孵蛋，當第 1 個蛋出生後，雌鳥便不再外出覓食，除去喝水外，雌鳥幾乎整日趴在蛋上。即使是離巢喝水，牠也會小心翼翼地用喙把蛋覆蓋得嚴嚴實實的。而牠們營巢的位置，距離淡水水源絕不會太遠，好在北極的冰川積雪在夏季融化後，會產生豐富的淡水資源，乾淨的淡水就在身邊。

歐絨鴨的孵化期根據不同的緯度環境，在 21 天至 28 天之間，雛鳥出殼後，牠們會隨着媽媽離開巢，並且不再回來。牠們會去不遠處的淺海裏討生活。牠們都是早成鳥，身上覆着細軟的絨毛，不僅能在寒冷的苔原上踱步，並且還能在冰冷的海水裏游泳。牠們的食物以淺海的底棲動物和浮游動物為主，如小貽貝、小螺螄、小蠕蟲、小鉤蝦等，有時也會找一些細軟的海藻芽來調劑一下胃口。在這期間，小鴨子們會一直跟隨媽媽，晝夜不停地採食。通常，在海岸上，我們會看到五六隻甚至更多的雌鴨帶着一大群小雛鳥在近岸的海水中游弋，那是牠們結成的聯盟。小鴨子在這一階段增重很快，出生不到 2 個月，便會與成鳥體重長得一樣重，並換齊飛羽，一般在 9 月中旬以後，便遷飛到溫暖的南部海域越冬。

水，也有漲潮時漫上的海水，並且終年不乾涸，無論是喜歡鹹水的，還是喜歡淡水環境生長的小動物，都喜歡待在這些小水坑裏找食吃；王絨鴨這時就會發揮牠「潛水員」的特長，屁股朝上，伸長脖子，用靈巧的喙把這些軟體動物和小魚、甲殼類捕捉到肚兒裏，同時也撕扯褐藻的嫩芽和水綿等鹹淡水藻類。當雌雄在一起，或者集小群覓食時，總會有一隻雄鳥擔任起放哨警戒的任務來，而這些雄鳥一旦吃飽喝足，唯一要做的，仍舊是梳理打扮自己的羽毛，不厭其煩地炫耀自己的魅力……

一對在水面上游弋的王絨鴨

3

斯島群芳譜

世界上最矮小的樹木

極柳

岩石下面有一片森林

柳樹，真是北半球的優勢樹種，不僅分佈廣泛，適應性強，而且樹形優美，很是耐看，從北京可以一直看到北極。只不過，這地點上的一字之差，視角迥異。在北京，我舉頭看柳；在北極，低頭看柳已不可能，非得趴在地上才看得清楚。北京的柳樹，十幾米高的不算甚麼；而北極的柳樹呢？ 3 厘米以上的（露出地面的高度），算是極為罕見的「大樹」了。

在北半球的北部，即跨過串聯起北歐、北亞、北美的那片寒溫帶針葉林，再往北走，植物在狂風、低溫和凍土三大要素的「撫育」下，愈接近極點，植株就變得愈矮小。而柳樹呢，簡直把這個「定律」發揮到了極致。從喬木型，變成灌木型，最後就剩下兩三片豌豆瓣兒大小的嫩葉了，這又該管它叫甚麼型呢？是柳芽兒，還是「微縮藝術品」？不，人家仍然以樹的名義自居。

開花的極柳

極柳的角果

角果炸裂開，露出潔白的柳絮

極柳柳絮

碎石灘上的極柳飄絮了

不僅有葉兒，有樹幹，還會開出和北京柳樹幾乎一樣的穗狀花兒，花兒謝了後還會吐出和北京的近親一樣漫天飛揚的柳絮來。

它叫甚麼？它就叫極柳，可真是「極致之柳」！

曾經有人問我，極柳的地面部分那麼矮小，可它是樹啊，樹，就應該有形成層，長高同時能長粗，它的地下部分會不會有一個粗壯的樹樁呀？那樹樁的橫截面會不會還有年輪？為了看清楚極柳在地面下是甚麼樣兒，又不忍心挖起一大片好不容易才生長出來的極地植被，我取了個「巧」，找到一叢生長在石頭邊兒上的極柳，然後用地質錘的「羊角」部分插到石

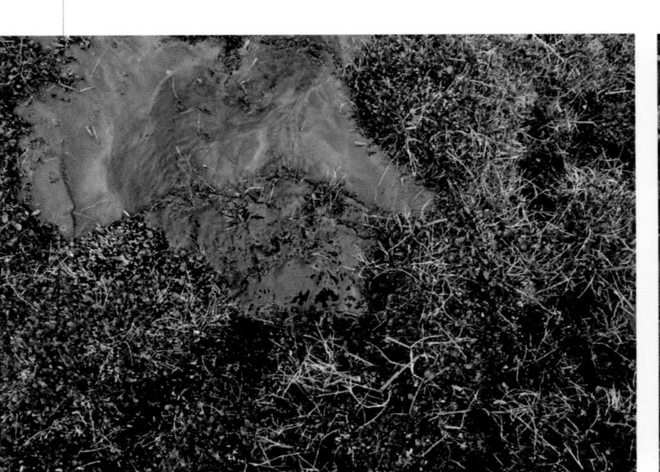

冰川融水滋潤極柳的生長

水肥充足的極柳長勢喜人

頭下面，用錘頭兒那端往鬆軟的表層凍土裏那麼一拱，岩石被撬了起來，搬開岩石，就露出了極柳的地下部分。哪裏有甚麼樹樁，我看到密密麻麻的根交織成一個龐大的生命網，這些根都是在地下橫生着，而所謂的每一棵「樹」，不過是從橫根處垂直向上生長出來的一個個小小的植株，每個植株在地下生長 5~6 厘米後便鑽出地面，距離地面 1~3 厘米的地方頂出 2~4 片葉子，從地面上看，就像是密密麻麻的一大片「森林」。

在北京，想知道一片柳樹林到底有多少棵樹，很容易，只要數一數有多少根主幹就行了。在北極，這樣的方法行不通。因為，極柳所謂的「植株」都是長在橫根上的小單元，從地表看是一棵，其實那下面是連在一起的，那橫根平均每隔 3~4 厘米就會拱出一個「植株」出來，橫根很長很長，同時，許許多多的橫根又在地下不同的層位裏相互交錯着，極柳的「林子」又大，動不動就幾平方米或十幾平方米，極柳的「林子」還特別密，每株的間距不到 1 厘米。如果你非要較真兒，算個清楚，你就得沿着夏季凍土的下緣把一整片極柳群落全部鏟下來，再去掉全部的土壤，順藤摸瓜地把每一株盤根錯節的根系都梳理出來才行。這，幾乎是不可能完成的任務，首先，表層凍土富含腐殖質，顆粒很緻密，含水量多，黏性很大，很不容易去掉；然後，極柳的根系在地下是一個立體交織的網，並且密度很大，而且這些根系細小、脆弱，稍微用力就會弄斷；因此，完成這個任務的概率幾乎等於 0。即使有人完成了這樣的任務，也會淪為一個暴殄天物的大惡人。你想想，極地的植物生長緩慢，每年的生長速度是以毫米和厘米計算的，破壞 1 平方米的植被就有可能是將人家上百年的「修行」毀於一旦，為了免於淪為「惡人」之名，我在探索完這些「古樹」的根系後，把原先撬出來的那塊大石頭，又嚴絲合縫兒地搬回到原來的位置上，不敢有半點兒差池。

搬開一塊石頭，可以看到相互串聯的根系

兩種蠅子草

無莖蠅子草、北極蠅子草

無莖蠅子草

看名字，無莖蠅子草，真的有無莖的植物嗎？不可能，凡是被子植物都有根、莖、葉、花、果實、種子。觀察眼前這個趴在地上的、覆蓋着鮮綠色「顆粒」的半球體，要想分辨出哪裏是莖、哪裏是葉還真叫人為難。幸好，有幫忙的，我看見旁邊一個半球體被馴鹿用蹄子給弄翻了（馴鹿並不喜歡吃這種植物），原來，所謂的半球體，其實是把被許多「傘骨」撐起的「雨傘」，那些「傘骨」是植物的小枝，許多小枝最終都會聚在一根「傘柄」上，那根「傘柄」，就是它的莖，深入到地下紮根。而構成「傘體」表面的那些綠色「顆粒」就是它縮小的葉子。

這種半球形的植物形態，被稱作「墊狀」，墊狀是極地和高海拔地區植物為適應極端環境而特化出來的一種形態，即呈扣在地上的半球體結構。植物長成這種結構的好處是抗風，無論風從任何一方刮過來，都不會把它吹走、掀翻。在北極這樣一個長年寒風凜冽的地方，植物進化出這樣的形態是何等高明呀！

長成墊狀的無莖蠅子草

無莖蠅子草向陽的一側先開花

在 6 月中旬，從群島的南部開始，由南至北，這些鮮綠的「半球體」陸續開始進入到盛花期。開始的時候，「傘體」表面會拱出一些紫色的「小箭頭」，當它們在傘體表面愈來愈多時，最先生出的會露出一抹粉紅色，粉紅色的部分愈露愈多，一天早上，它「噗」地一下綻開，變成一朵花，隨後是第二朵、第三朵……「半球體」向陽一面的花蕾會最先開放，最終整個「半球體」上完全被粉紅色的花朵所覆蓋，變成一個半圓的花球，給初到北極的人無限驚喜。

我曾在群島的西北部，看見這樣的情景。在一片距離海岸很遠的地方，那裏是一片乾燥的極地荒漠，夏季的微風吹動着細沙，我看見，沙地深處，有一抹粉紅色在黃沙中閃耀，走近一看，原來是它——無莖蠅子草，雖然黃沙掩埋了它的枝葉，但幾朵小花仍然倔強地從沙子裏鑽了出來，傲人地開着。

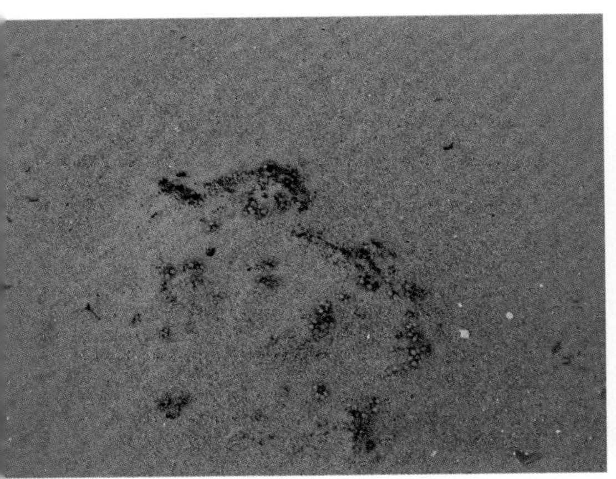
被沙子蓋住的無莖蠅子草

「極地荒漠」中的無莖蠅子草小路

還有一次，在斯匹次卑爾根島北部一處鋪滿碎石的苔原上，碎石間的那些泥土都被凍融作用擠到一條狹長的凹溝裏，無莖蠅子草就借助那點珍貴的泥土安了家，一株接一株地長滿了整條溝，盛花季節裏，猶如一條鮮花鋪就的景觀大道。

北極蠅子草

我曾不止一次聽非植物專業的科考隊員管這植物叫「燈籠花兒」，還別説，形容得真像！其實，開花如同中國紙燈籠的，是石竹科蠅子草屬囊萼組的典型特徵，因為這個組的花萼像個囊，即吹鼓了的大口袋；更妙的是，這些「口袋」上面還會均勻地刻畫出 10 條紫色的縱脈，特別像支撐紙燈籠的「燈籠骨兒」。

第一次見到這種植物的影像，是在一艘開往斯匹次卑爾根島南部的抗冰船上，在那間不大的圖書館裏，我看見好幾個極地攝影師都在他們的專輯裏記錄了這種美麗植物。他們似乎都特別鍾愛這種能開奇特花朵的物種，把這些風中搖曳的「燈籠」拍得特別美。

可惜的是，這些極地攝影師們，重視的只是光和影的技巧，影集中既

北極蠅子草

開在迎風坡上的北極蠅子草

開在山坳裏的北極蠅子草

沒有記錄植物的名稱，也沒有記錄拍攝地點。只是從這種植物的特徵和極其有限的圖片背景中，我能猜到，這是一種屬石竹科的蠅子草，它們生長在苔原上。

於是，我就在所有有蠅子草生長的地方去尋找影集裏的植物，還別説，功夫不負有心人，我在許多處苔原都找到了它。但是我找到的，植株都特別矮小，而且那「燈籠」呀，都是癟的！

那次考察歸來後，根據所掌握的植物特徵，我知道了它是一種特有的極地植物——北極蠅子草。再往後的幾次北極之行，找到圓圓鼓鼓的「燈籠」就成了我的一個「心結」，可是無論怎麼找也找不到……

直到最近的一次，我跟隨一隻小狐狸爬上一座山坡，那坡度很陡，愈走愈陡，都看到侏海雀的窩了（侏海雀喜歡在很陡的懸崖上做窩），卻把小狐狸跟丟了，侏海雀們一個個低着大腦袋（這種鳥的頭部很大，與身體不成比例）傻呆呆地盯着沮喪的我。於是我找路下山，一下走到一處山坳裏，那裏沒有風，踩了踩厚厚的苔蘚層，估計厚度可達到 15 厘米以上，靠近崖壁的一側，有一條冰川融水小溪潺潺流過，真是個好地方。忽然，我發現苔蘚層上隱約露出一排圓圓的「紙燈籠」——北極蠅子草！真是踏破鐵鞋無覓處……

原來，在斯瓦爾巴群島，北極蠅子草是一種相對比較嬌嫩的物種，它更偏愛溫暖濕潤的環境。從它在斯島的分佈圖來看，北極蠅子草只分佈於島嶼中心區域。儘管，在某些寒風肆虐的迎風坡上有時也能找到它的身影，但它似乎更願意窩在山坳裏，是否能長出大個兒的圓燈籠，就取決於此。

尋找最北的杜鵑花科植物

四棱岩鬚

四棱岩鬚的植株

這是世界上分佈最北的杜鵑花科植物。眾所周知，杜鵑花科植物是一類非常喜歡冷涼環境的植物，在我國南方，你要想找到它們，必須爬上高高的山嶺；在以寒冷著稱的阿拉斯加或西伯利亞，棕熊在夏末秋初季節也會在苔原上到處尋找它們的果實。到北極之前，在挪威境內穿越北極圈的時候，我們也看到了大量的同科植物——歐石南、越橘甚至栽培的園藝植物杜鵑花，都生長得十分茂盛，可來到了這裏，北緯 78° 附近的北極深處，這個家族就只剩下這種開小白花的成員駐守了。

小白花開在植株的頂端，用一根細而短小的花柄支撐着，每枝花柄的末端都自然向下彎曲出一個美麗的弧度，以至於所承載的每朵小花都顯得十分嬌羞，竟然沒有一朵肯抬起頭來。

北極看麥娘

一些畜牧師認為，髮草屬牧草，葉薄質軟，乾物質產出率不多；因此「在結實前為牲畜所喜吃，但營養價值不高」。這個結論的得出似乎比較草率；因為據一些生物學家在斯瓦爾巴群島觀察白頰黑雁的育雛行為時所見：在雛鳥出生後至長出飛羽的 40~45 天裏，能從不足 200 克長到 1500 克甚至更大，主要靠採食海岸苔原上生長的高山髮草。由此看來，髮草的潛力是被低估了。

北極看麥娘

照片中的這種牧草的英文名稱直譯就是北極狐尾草（Polar Foxtail）。看，粗壯的植株顯示了它的旺盛生命力，果穗表面所覆蓋的厚厚茸毛使之遠遠看去猶如一根狐狸尾巴。這是一種看麥娘屬的牧草。從字面兒上看，「看麥娘」倒更像是在形容一位看守她們家麥子的姑娘，但其實這個屬的植物原先是以麥田雜草出名的。 表面上，「看麥娘」喜歡看着麥子生長，但其實它有強大的根系和旺盛的繁殖力，能搶奪麥田土壤中的養分，同時還為葉蟬、飛虱、薊馬等害蟲提供滋生環境，造成小麥的減產，是十足的害草。值得注意的是，凡事物其實都有兩面性，取決於它所生長的區域環境。如果它大面積生長在可供放牧的草場上，它害草的身份就立刻得到「反轉」，其強大的根系和旺盛的繁殖力，正好能為食草動物啃食後迅速復壯起到關鍵作用，並使草場變得耐刈割、耐放牧。在斯瓦爾巴群島，北極看麥娘也是馴鹿的「能量食品」。

開白花的鼠耳草

北極卷耳

北極卷耳

「采采卷耳，不盈頃筐。嗟我懷人，寘彼周行。」這是《詩經・周南》中的話，是說一個挎着小筐採集卷耳的婦人，忽然思念起出征的丈夫而將筐子丟棄在路邊的情景。我們在感慨古人對待愛情的大膽追求和矢志不渝之外，經常會問，古人所採集的「卷耳」到底是甚麼？我曾見過一本介紹《詩經》植物的書，就把「卷耳」當成了「蒼耳」，殊不知，一字之差，謬之千里。卷耳是石竹科的一種藥食兼用的無毒植物，而蒼耳是一種有一定毒性的菊科植物，大量食用可要人性命。

卷耳是石竹科卷耳屬植物的通稱，全球有一百多種，多數都分佈在歐亞大陸北部，耐冷涼環境，是典型的寒溫帶植物。早在戰國以前，中國先民就已認識並利用這種植物，認為它的嫩苗鮮美可食。

卷耳屬植物叢生於山坡向陽處，有卵形或長橢圓形的對生葉片，不少種葉面帶有柔毛，這很像小老鼠的耳朵，因此又有「鼠耳草」的稱謂。

夏季，在朗伊爾城以及群島南部的向陽坡上，很容易找到一種夏季開白花的卷耳屬植物——北極卷耳，或者稱北極鼠耳草。它有 5 片花瓣，而初認植物的人往往以為它有 10 片，這是因為每片花瓣的頂部都會分裂成兩瓣的緣故。別看植株小，可開花非常多，我曾在朗伊爾城附近山坡上觀察到一叢佔地面積不足 20 平方厘米的植株，那上面竟然開了將近 80 朵花。

兩種委陵菜

北極委陵菜、美委陵菜

北極委陵菜

在北極，初見委陵菜屬植物，令我有親切熟識之感。那是因為，這個屬的好幾種植物都是中國民間應用十分普遍的藥材。儘管各地區、各民族所用的委陵菜物種有所差異，但都是親緣關係很近的同屬植物，所含藥用成分十分相似，而且經過長年經驗醫學的驗證，對其功效瞭解得十分清楚，即有清熱解毒、涼血止痛之功，可治療邪熱引起的赤痢腹瀉，內熱引起的痔瘡出血、癰瘡腫毒等。

委陵菜是我們熟知的水果大家庭——薔薇科成員，和蘋果、梨、桃同科，與草莓的親緣關係更近一些，它們的共同特徵是都有輻射對稱的五瓣花。

在群島上找到的委陵菜一共有兩種，一種是北極委陵菜，一種是美委陵菜，它們秉承委陵菜屬一貫的個性：每個成員的長相都差不多，都有紅紅的匍匐莖、深深缺刻的翠綠葉子、白色的葉子背面、五個花瓣的金黃色花朵。但仔細觀察細節，還是能看出不同來的，美委陵菜的莖比較粗，葉子表面也會有更多的白色柔毛。從這兩種植物還保存着許多溫帶植物的特徵看，它們遷移到北極來的時間並不算長，與那些抗風寒裝備「武裝到牙齒」的古老極地植物相比，堪稱最不像極地植物的極地植物。每年 7 月，是北極最美的季節，也迎來了委陵菜的花季，金黃色花朵躺在深綠的葉叢中，彷彿回到了溫暖的故鄉。

近年來，西方藥物學家已經把目光愈來愈多地投向我們老祖先用過上千年的東方天然植物藥。委陵菜屬植物就是他們的重點研究方向之一，目前通過確切成分分析的該屬植物已有十餘種，通過實驗，對它們的抗菌抗病毒作用、祛風濕作用進行了確認。令中外科學家特別感興趣的是，該屬植物提取液對於 2 型糖尿病患者可以起到增強胰島功能、降低血糖的作用，相信在不久的將來，這些可愛的植物也能夠為此類病症患者再添福音。

美委陵菜

虎耳草科植物的天堂

挪威虎耳草、叢生虎耳草、零餘虎耳草

挪威虎耳草

沒到北極之前，我從來沒感覺過虎耳草科植物會如此耐寒，來到北極之後發現，這裏是虎耳草科植物的天堂。

如果在北極搞最美賞花植物評選的話，那麼虎耳草科家族的成員人人都會入選前 20 名。在夏季的北極花海漫遊，數虎耳草科家族成員開得最多姿多彩。

由於花朵大，花瓣輕盈，稍有微風，便微微搖曳起來。

午夜時分，雲量增多，光線暗淡得看甚麼都像灰階很差的黑白照片，我一個人在伊斯峽海灣沿岸漫步。小城對面山坡上的雪融化了很多，港灣裏也不再有浮冰，北冰洋那特有的幽藍色海水在此時昏暗的光線中顯得更加靜謐，極地特有的掃地風又吹了起來，海水拍打起岩石唰唰作響。我看到，距離海水很近的岸邊，一叢盛開的北極罌粟正在起舞，明亮色調的花朵搶走了這昏灰世界中的全部光彩。

萬物生長靠太陽；它，也不例外。與向日葵相似，它們是一群嚮往陽光的生命，其花冠會隨着太陽的照射方向轉動，這在大衛・艾登堡祿（BBC 自然探索類節目主持人）解說的植物節目中已經說得很清楚了。不知何時，互聯網上竟然流傳出更加神奇的故事：「北極罌粟的花朵形狀像一個茶杯，每一片花瓣又像是一面反射鏡，可以把太陽光的能量反射到中心的花蕊上，聚積熱量，以保證種子儘快成熟。」是否真的是這樣呢？北極罌粟鐘狀的花形和開放的角度也與眾多鐘狀花相似，那為何就只有它有「太陽灶」的作用呢？北極罌粟花瓣開放的角度與花期有關，剛剛開放的時候，花瓣聚攏，到了後期，花瓣開放的角度愈來愈大，最終，飄落到寒風之中。到底哪一個角度才是達到「太陽灶」效果所要求的呢？另外，生長在溫帶的野罌粟和高山罌粟與北極罌粟在花形、花瓣顏色上幾無二致，那為甚麼沒有在這兩種植物身上發現有類似的作用呢？這樣的「故事」，恐怕就是我們一廂情願的臆想了。我們知道，花蕊分為雄蕊和雌蕊，其中，雄蕊的頂端聚集着許多花粉，雌蕊是植物受精過程所需要的一系列管腔，花瓣的作用呢？更加簡單，它或有醉人的香氣，或有驕人的顏色，或能分泌出香甜的蜜水，看到了吧，花瓣的作用除了有限地保護花蕊外，幾乎全是「誘惑」。這麼多的誘惑到底是在誘惑誰呢？北極的有花植物，很多都是蟲媒花，即靠蟲來傳播花粉，繁殖後代。由於北極的夏季特別短，這些花朵要極盡所能地「招蜂引蝶」；因此，在此環境中生長的花會又大又豔，大朵兒的鐘狀花和嬌黃的亮色調最利於吸引昆蟲，吸引的昆蟲愈多，把基因遺傳下去的可能性就愈大。雌蕊下面的子房中一旦有了受精卵，花瓣的任務也就完成，毫無遺憾地飄落風中，而失去花瓣的子房便會裸露在陽光下獨自去孕育種子。

因此，我只能很遺憾地告訴大家，北極罌粟的「太陽灶」作用，只能是一個美麗的「傳說」而已。

來自北極的美味酸菜

山蓼

苔原上的山蓼

酸菜是種口味獨特的食物，「酸菜鍋子」「酸菜白肉」「酸菜餃子」……很多人都喜歡，我也是。而在這世界上，並不是在哪兒都能夠吃到酸菜的，例如在斯瓦爾巴群島，你想找點酸菜嘗嘗，可就是道很難的題目了。因為在這個群島上定居的，大部分是挪威人和俄羅斯人，在他們的菜譜中，牛肉和魚是永恆的主題，而與它們搭配在一起的，也似乎永遠是椰菜、紅蘿蔔、馬鈴薯和番茄。

但也不是沒一點可能，這道題如果交給愛好美食的植物學家來做，似乎就有些希望。

因為即使在中國，「酸菜」這一名詞也不是僅僅指一種菜品而言，有指發酵的白菜、芥菜、芹菜……也有指本來就帶酸味兒的山野菜。在朗伊爾城兩側的山坡上，是層層疊疊的碎石，它們都是很久以前，流經這裏的冰川從遙遠的高山推到這裏來的。在碎石的上面，覆蓋着很多細小的「微縮高等植物」。所謂的「微縮」，是指這裏高等植物的祖先幾乎都來自歐洲，而要想在這裏生長，首先就要學會縮小，再縮小，一直縮小到和地面差不多的高度。因為只有「縮小」，才能保存實力，才能在狂躁的寒風、貧瘠的土壤和極低的氣溫中生長、繁衍下去。

因此，你如果看慣了歐亞大陸上生長的各種植物，再來到這裏轉上一遭後，你會發現，大多數植物都似曾相識，只是，都成了「小人國」。在這些植物中，大多數是細葉的，因為細小的葉子最能抵禦嚴寒。但也有少數寬葉的，如果你在那些少有的寬葉植物中，找到最寬最大的一種葉子（即使最寬最大，一片葉子也似乎只有一元錢硬幣大小），就説明你今晚有可能吃到酸菜了。熟悉溫帶植物的人往往一眼就能認出來，這裏葉子最寬的高等植物就是山蓼啊！山蓼，又叫腎葉蓼，顧名思義，它的葉子像腎臟，簡直是太像了，橢圓形的葉片，在基部有一個凹陷的小窪，形成一個腰子狀。這，就是我要説的酸菜，中國秦巴山區的老百姓就常常到陡峭的高山上去採食這種植物，把它當做食葉類蔬菜的補充，當地人就把它叫做「酸菜」或者「酸漿菜」。顧名思義，它的味道就是酸的，不僅酸，而且清香，嚼在嘴裏有那麼一點吃酸水果的意思。酸味源自其體內所富含的各種有機酸，主要是抗壞血酸，也就是維他命 C 的含量很高，用它的嫩枝嫩葉經過焯水等工序處理後拿來當菜吃，還是很開胃可口的。

第一次吃這種酸菜，是很久以前我在東北林區採集植物標本的時候，當爬到 2000 米以上的苔原帶時，我們觀察到一種蓼科植物，長得很壯實，接近 20 厘米高，葉片呈腎形。對照當地的植物誌，鑒定為山蓼。山蓼是種喜冷涼植物，特別愛在高海拔或高緯度的地方安家，雖然這裏地處北緯 40 多度的中溫帶，但海拔高度超過 2000 米，自然溫度就低下去了。由於溫度低、照度高，就出現了一小片類似極地的苔原，這裏不僅有北極也能看到的山蓼，而且還能找到著名的極地植物——極柳！同行的一位老植物學家順道多採了幾把山蓼，當時我們誰也沒在意，以為他想多採一些標本作交換用。誰知，在晚間吃那熱氣騰騰的鍋時，他為我們端上了一盤碧綠

中國東北林區的山蓼能長到 20 厘米以上

鮮嫩的涼菜，剛一入口，一股清香，用油、鹽調和後更加清爽，再一嚼，酸溜溜兒的味道直入舌頰。

是放了醋？不對，醋調的味道是酸在外面。

是醃漬的酸菜？也不對，醃漬的蔬菜沒有這般鮮綠的。

剛要問老者，老者說，這是「鮮酸菜」，也就是鮮嫩的山蓼尖兒啊！

在北極的日子裏，看慣了溫帶山蓼的我，對這裏的「小個子」彷彿多了幾分敬意，每天心甘情願地俯下身子，趴在地上為所能找到的每一棵植株拍照和測量。山蓼在中國能長到 20 厘米高，而在這裏呢？平均身高只有 5 厘米，8 厘米以上的就算是巨人了。熟悉的面孔是否還是熟悉的味道呢？我摘了一片葉子放到嘴裏一嘗：嗯，依然很酸！

北緯 78° 的山蓼平均植株高度 5~8 厘米

北緯 80° 的山蓼平均植株高度不到 3 厘米

長在石縫中的山蓼

山蓼生長的環境

書寫到這兒，並不是提倡親愛的讀者到北極旅遊的時候亂摘亂嘗珍稀的極地植物。那裏的環境非常脆弱，植物生長極為緩慢，不到 1 平方米的植被，往往是幾十年上百年的生命結晶，每走一步都要十分小心，避免地表的植被遭到破壞。我只是在向你提示：當人處在自然環境之中時，博物學知識的重要性就顯得非同一般。試想一下，在大航海時代，許多航海家、船員遠赴北極探險並開闢新航路，為人類歷史寫下了光輝的一頁，但其中也有許多人因為長期得不到新鮮的食物而患上了能致人死亡的壞血病；要是當時他們知道，在北極為數眾多的島嶼上，食用遍地生長的山蓼就能有效地預防和治療這種可怕的疾病，那不知要少犧牲掉多少條寶貴的生命啊！

北極植物與人類的「後天」

仙女木

開在苔原上的仙女木

仙女木，是一種北極植物的名字。這個名字聽起來有些靈異的味道。但即使是這樣的名字，還是中國人將其「去妖魔化」後的產物。歐洲人乾脆就叫它 White Dryas——白色仙女，或者 White Dryad——白色的樹妖。

據説，這個物種在中國的極北地區，例如新疆最北的阿爾泰山區也有分佈，而我第一次看到它，卻是在北極。它，到底像不像仙女或者妖精呢？回憶起我對它的第一印象，就是——名副其實。還不僅僅是它美得令人迷醉，總覺得，在它身上，有種神秘特殊的氣質和性格，但一時説不清。

仙女木的植株

我還記得，那是在剛到群島首府——朗伊爾城的第一天深夜，儘管時針的指示已達午夜，但此時正值盛夏的極晝，看天色，還很像北京夏天下午四五點鐘的樣子，我還蹲在山坡上觀察植物。不一會兒，太陽就躲到山背後去了，只剩下蔚藍的天空，和天空中飄着的些許鈎卷雲。我知道，這樣的雲彩通常都是給冷鋒雲系打前站的，這説明高空中在刮很大的風，天氣即將轉壞。果然，不一會兒，從南側的冰川那邊吹來的山風愈來愈大，我感覺到了氣溫在驟降，不禁緊了緊衝鋒衣領口和袖口處的尼龍拉襻，試圖讓自己暖一些。看了下錶，已經凌晨 2 點了，差不多該往回走了。剛要起身，下意識地望了望四下裏，想找一條好走的路回去。忽然，我看到右前方的崖畔，有一片白光忽閃忽閃地在苔蘚叢中閃爍，那是甚麼呢？我趕忙拖着疲乏的雙腿走過去。原來是風中搖曳的一片白色的小花。

極地植物的植株大都挺小，但不少有花植物的花朵卻挺大，這是因為它們要在極其短暫的夏季能足夠多地吸引到昆蟲為它們傳播花粉的緣故。當然，這「大」，也只是相對而言，所謂大型的花朵不過 2~3 厘米，但比起它們的植株來説，已經足夠將其枝葉都遮蔽起來了。眼前的白花由 8 片瑩白色、寬且薄的花瓣兒組成，花瓣拱衛着中間淡黃色的花蕊，組成一個圓圓的花盤，被同樣分成 8 瓣的花托托舉着。葉子，都趴臥在地面上，橢圓形的，呈暗綠色，邊緣有鈍鈍的齒。「哦，原來，這就是仙女木啊！」我默默念叨着。在出發前，我曾在中科院植物所借來一本英文畫冊——《斯瓦爾巴群島有花植物》，為方便使用，我把這些資料掃描下來，做成幻燈片，天天看，三十幾種野花的形態也就爛熟於胸了。畫冊上的仙女木，儘管是國外資深攝影師照的，但，總感覺沒有眼前的植物漂亮。主要是眼前這花的質感特別好，瑩白色，猶如白玉雕成的一般，只是很薄，特別薄，猶如絹紗一樣的薄。最妙的，莫過於每一個花朵，都被長長的花柄直直擎起，儘管被寒風吹得搖曳，圓圓的花冠卻總是朝着天，沒有一個肯彎腰低頭的，猶如一群穿着芭蕾舞裙的小女孩兒在翩翩起舞。

此時，我異常審慎地看着它們，品味着它們背後的故事。如果，你僅僅因為它長得美，便把它看做是「瓶花兒」的話，那你可就錯了。地質學上的三次「仙女木事件」都與它們有關。

主流地質學家認為，在距今 200 多萬年前，地球進入到一個新的冰期——第四紀冰期。那是個極寒的時代，「凍」得連大象、犀牛都長出了長長的毛髮，這便是我們今天復原出的猛獁象、披毛犀形象。巨大的冰蓋，曾覆蓋了大部分的亞歐大陸及北美大陸。但，生命的性格何等頑強，在一些冰川的夾縫中，到了夏季，總有些地方還能見得到一些土和融水，於是，就生長出一種奇特的，怕熱而不怕冷的植物——仙女木來。到了距今 1.65 萬年的時候，地球發生了變化，冰蓋開始融化，喜歡冷的植物就追着冰蓋向北極地區退縮，歐亞及北美大陸的大部分地區開始春暖花開，好一派欣欣向榮的景象。但誰知，好景不長，到了距今 12640 年（14C 測算出的相對準確年代）的時候，不知為甚麼，地球又發瘋似的突然降溫，剛剛復蘇的大地又一次接受嚴寒的洗禮，在短短的幾年間，平均氣溫下降了大約 7~8℃。這次降溫持續了上千年，直到 11500 年前，氣溫才又突然回升。人們是怎麼知道這個變化過程的呢？原因是在歐洲十分溫暖的地方，地質學家在這些時期的沉積層中發現了氣溫驟降的指示植物——仙女木的遺骸。人們便把這次「降溫事件」稱作「新仙女木事件」。而在更早的地層裏也有同樣的兩次發現，分別稱為「老仙女木事件」和「中仙女木事件」。

至於「仙女木事件」是如何產生的，目前主要有兩派學者打得不可開交。有一派説是一個飛行中的雪團兒（彗星）在沖向地球前發生了爆炸，致使我們的地球周圍被厚厚的一圈兒閃着白光的雪霧包圍，太陽光都被反射走了，變得無比的清冷。而另一派説是「溫鹽環流」的改變所導致。眾所周知，地處高緯的北大西洋沿岸各國，到了冬天，並不像其他相同緯度的地區那麼冷，這是由於受一個由低緯流向高緯的「北大西洋暖流」暖水海流影響造成的，而推動這些海流運動的動力，是不同海域海水溫度和鹽度的差異，人們將其稱為「溫鹽環流」，它就像空調機那樣，把低緯的熱量帶向高緯，使熱帶不會過熱，而寒帶也不會過冷。如果氣候變暖，分佈在格陵蘭島、北美和歐洲北極地區的冰川就會大量融化，大股淡水流向北大西洋，一下沖淡了在此處本該下沉的高鹽度海水團，低鹽度的海水密度相對較小，不能下沉，此處的「溫鹽環流」便停止運轉，繼而像塞車一樣，大西洋南部溫暖的海水也無法北上，印度洋和太平洋的海水也無法從好望角方向為大西洋補給。於是，全球的「溫鹽環流」就停止了。由於調節整個地球溫度的「空調機」不能正常循環交換熱量，從而使熱帶更熱，寒帶更冷，寒帶的冰川迅速增長，白色的冰雪反射走大量寶貴的太陽光，地球便一下子變成了「冰凍星球」。電影《後天》把這一理論運用到了極致，導演斯羅蘭 • 艾默裏奇把這一災難過程「壓縮」在一天的時間中集中暴發，震撼的場面反映出人類在「發怒」大自然面前的脆弱與無助。

仙女木的花蕾

儘管持「彗星撞擊説」和「溫鹽環流説」的學者各執一詞，可不管誰對誰錯，發現這幾次降溫的證據都是在低緯度地區發現了這些喜歡在寒風中翩翩起舞的「小仙女」；因此，對於它們，我不禁注目相對。

第二天，我把學生帶到發現仙女木的地方觀察。「咦？薔薇科植物的

仙女木的花，小蟲在給它傳粉

仙女木的果實和種子

花瓣兒不都是 5 或者 5 的倍數嗎？」學生問我。

哦？此時，我卻走神兒了……我忽然想起，初見它們時的那種「一時說不清」的東西了。冷傲而特立獨行，不按常規出牌，不正是仙女所特有的性格嗎？

極晝下盛開的仙女木

苔原上的奇觀

純白羊鬍子草

陽光下的羊鬍子草

雖然它是北極苔原植物的代表，雖然這樣的景觀被譽為北極所獨有，但人們口傳和出版物上對這種植物的叫法之亂，令人咋舌。

我曾聽不少「老極地」稱它「北極棉」，甚至叫它「北極棉花」，叫它「北極棉」顯然是由於它的外貌像脹破了外殼吐出絲絮的棉桃而臆造出來的。其實仔細觀察就能看出，棉花的果實是一種蒴果，裏面分成四瓣，即使乾燥爆裂，裏面的潔白棉絮也會被乾燥的外果皮分成四瓣。而眼前的「北極棉」只有一整團潔白的絲毛，外面也沒有任何外果皮的痕跡。如果選擇一團乾燥的「北極棉」絨球用手指碾開，你會發現絨球中心有一團聚合在一起的種子，而絨毛不過是種子頂端長出的絲毛而已，白色的絨球原來是它的果穗。由此可見，所謂的「北極棉」與錦葵科的棉花沒有半點關係。

朗伊爾城中的一片草原

還有不少出版物上，把它稱作「雪絨花」，雖然名字起得很形象，雪是形容其顏色白，絨花是形容其形態像個絨球兒，但我覺得最大的可能，還是受了那首《雪絨花》歌曲的影響。《雪絨花》是美國電影《音樂之聲》中的插曲，是由主人公——一位奧地利上校和他的女兒們彈奏並演唱，其原曲也是一首奧地利民歌，那悠揚的旋律和歌詞告訴我們：雪絨花，雪絨花，清晨迎接我開放，小而白，潔而亮，向我快樂地搖晃。這明顯是在形容一種開潔白小花的植物。原來，奧地利和瑞士的國花——火絨草就叫雪絨花，是一種著名的高山植物，屬菊科，喜歡生長在阿爾卑斯山海拔2000 米以上的山脊上。

令你想不到的是，我們眼前的這種北極植物，它真正的中文名稱其實比甚麼「北極棉」、「雪絨花」都要生動而形象得多，它叫：純白羊鬍子草！

第一次遇到這種莎草科植物，是在卑爾根（地處北緯 60° 的挪威南部城市），大約 40 厘米高，細葉叢生，頂着白色絨球般的果穗，挺立在叢林沼澤地裏。濕地水邊，是莎草科植物最喜歡的環境，全球大部分的莎草科植物都是濕地植物，最典型的就是生長在非洲幾大河畔的紙莎草，不僅是河馬賴以為生的食物，還被尼羅河畔的埃及人造成草紙，負擔起傳承文明的重任。隨後，在拉普蘭（斯堪的納維亞半島北極圈以北地區）跨越北極圈的時候（北緯 66°34′），我又一次在凍土沼澤地上看到它的身影，果穗好像大了一圈兒。

來到斯瓦爾巴群島，我見到了純白羊鬍子草北極亞種，真不愧為苔原植物的代表，它在極地的表現比此前所有的棲息地都好。這裏的植株，能長出直徑 5 厘米以上的果穗，絨毛悠長、柔軟而細密，真像是長毛絨山羊那驕傲的長鬍子，在迎風飄舞。在群島南部，那些陽光明媚、有積雪融湖的岸灘，

朗伊爾城小街旁的羊鬍子草

很多地方都發育出由純白羊鬍子草構成的純草場，在每年的盛果期（7 月底），遠遠望去，大片大片的白絨球點綴在翠綠的草地上，蔚為奇觀。

雨後的羊鬍子草

風中的羊鬍子草精神抖擻

4

斯島山海經

群島上的冰川

冰斗冰川、山谷冰川、懸冰川、大陸冰川

如果你想看到巨大的冰川、冰山和冰原，又不想爬高、多走路，也不想有難以忍受的高原反應和暈船的話，那麼我建議你選擇斯瓦爾巴群島。首先，那裏的海拔高度普遍不高，就算登上那裏最尖銳高聳的高峰也不會有高原反應；然後，北冰洋的風浪也不大，就算趕上狂風大浪，也很難和南極周邊的西風帶巨浪抗衡。

冰斗冰川

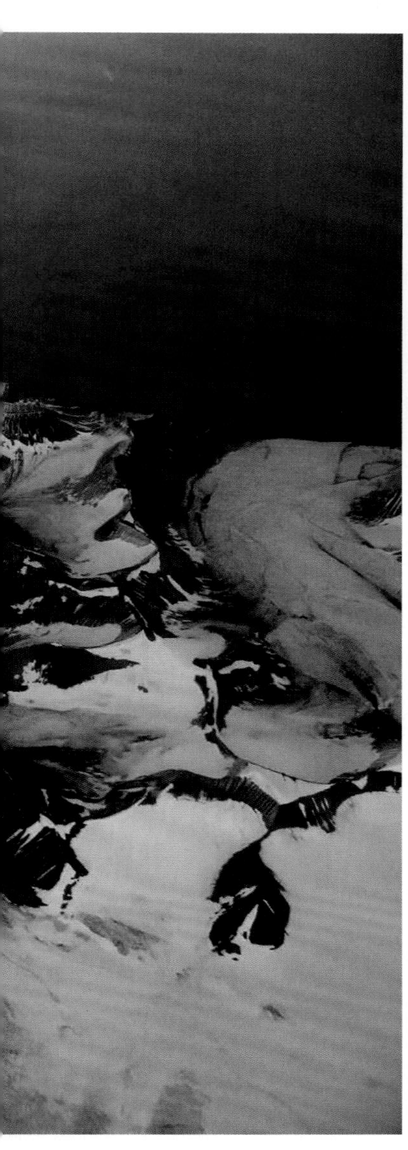

冰崩

冰川盡頭時時都有可能發生冰崩，崩裂下來的冰塊隨之漂向海洋，冰山由此誕生。

懸冰川

懸冰川，顧名思義，就是懸掛在山坡上的冰川。這也是斯瓦爾巴群島上規模最小的一種冰川。這樣的冰川很少超過 1 平方千米，厚度一般僅為一二十米，斜斜地貼掛在山坡上，有時呈盾牌狀，有時呈倒三角形。即使是懸冰川這樣小規模的冰體，也是山坡上的積雪窪地發育形成，並且也會掏挖出一個不大的粒雪盆出來，不過現代懸冰川的粒雪盆幾乎都被冰川本體和積雪所覆蓋，因此幾乎不可能觀察到。

大陸冰川

以前一提起大陸冰川就說主要分佈在南極大陸和格陵蘭島，而「次要」的分佈於哪裏呢？一般的書籍都沒有介紹，好像除了這兩塊地方，就沒有了似的。其實在斯瓦爾巴群島的第一、第二大島——斯匹次卑爾根島和東北地島，都有大陸冰川分佈。大陸冰川又稱大陸冰蓋、冰原或冰帽，群島上那些叫做「冰原」的地方，幾乎都是大陸冰川的分佈區，如斯匹次卑爾根島上的霍特達爾冰原、奧斯戈爾冰原、南角冰原；東北地島上的東冰原是整個群島面積最大的冰原，面積超過 5000 平方千米，也是群島上最大的冰川。

從空中看到的懸冰川

大陸冰川的特點是其表面非常平緩，中央部位略厚，向四周逐漸變薄，像一塊覆在地上的盾牌，它是高緯地區陸地不斷降雪而消融趕不上沉降速度所緩慢積累起來的巨大冰體，群島上的大陸冰原有的地方很厚，厚到把一些山峰都埋藏起來，有的僅僅露出一個尖。大陸冰原的邊緣部位靠近陸地的一部分會慢慢變薄、消融而逐漸消失，靠近海岸的部分則往往被海水所侵蝕，形成冰陡壁和冰懸崖；夏季的時候，這裏會發生斷裂和崩塌，崩塌下來的大冰塊形成冰山漂走。

大陸冰川

它們的樣子都是冰川所造就

刃脊和角峰、U 形谷、峽灣

刃脊和角峰

從空中俯瞰群島上鋒利的刀刃狀山脊（刃脊）和角狀的山峰（角峰）

我們知道，自然界的山峰，幾乎都是多面多邊的錐體，在極地，當山峰一面形成冰斗的同時，山峰另一面、兩面、三面或更多面的低窪地帶，往往還在發育着其他的粒雪盆或冰斗。就這樣，山峰逐漸被冰斗包圍了，冰斗中的冰體不斷「拔蝕」和「磨蝕」山體，使冰斗不斷擴大，斗壁逐漸後退，這就好比同時有兩個、三個甚至多隻大鉋子分別從不同方向出發，向山頂方向刨銼。由此，山脊變得更鋒利，猶如刀刃一般，山峰變得更陡峭，越發見棱見角，因此這樣的地貌被地質學家形象地稱為「刃脊」和「角峰」。

金字塔狀的角峰

U形谷

只要極地的氣候依然保持寒冷，冰川的冰斗部位會源源不斷地向下游供冰，冰舌也會愈來愈長。冰舌沿着山谷或河谷向前跑，一路上也不老實，對與其相接觸的谷底和兩側的谷壁，依然毫不留情地進行以「拔蝕」和「磨蝕」為首的各種侵蝕，「大鉋子」的威力絲毫不減，

U 形谷谷口的城市便是朗伊爾城

U 形谷壁

斯匹次卑爾根島上的大型 U 形谷

在流經的地方，把原來谷地的橫截面改造成拋物線的形狀。這種截面兩邊高、中間低，谷底與谷壁的連接處呈光滑的弧線，像不像大寫英文字母「U」？就這樣，冰舌一路推進，U 形谷地也一路形成。「U 形谷」，正是這一冰川地貌的稱謂。

峽灣

群島的很多地方，在第四紀冰期，都曾發育有超大規模的山谷冰川，這些超級冰川所侵蝕出的 U 形谷既深且長，形成的冰舌由於攜冰量巨大，在推進入海的時候，往往還會繼續掏挖和侵蝕着海床。冰期結束以後，氣候逐漸回暖，冰川退縮或消失，海平面也隨之上升；於是，大量的海水就湧入冰川谷，形成峽灣。

斯瓦爾巴群島各島嶼均分佈着不同長度的峽灣。其中最大的峽灣，莫過於斯匹次卑爾根島中部的伊思峽灣（也譯作冰峽灣）了。今天，我們從空中可以看出，伊斯峽灣的前身——第四紀冰期的那個巨大冰體，曾是個超級大的樹枝狀複式山地冰川，它曾在北緯 78°07′、東經 13°25′ 附近，在兩座山峰的挾持下流入大海，當時冰川與大海之間，曾出現過一堵巨大的冰牆；而今，冰牆消失了，形成一個 20 多千米寬的開口，那兩座山峰形成的諾曼角和林奈角這兩座美麗的海角還在向我們訴説着當年冰牆的寬廣與龐大，山峰上還刻畫着冰川當年留下的痕跡。進入兩個海角之後的海面相對開闊，這曾經是幾條巨大冰舌匯聚之後的「主幹」，向北、東、南三個方向內陸延伸出的六條大的樹枝狀海灣，則是當年的上游冰舌融化後形成，它們最遠的延伸至內陸 100 多公里，斯瓦爾巴群島首府朗伊爾城和群島第二大城市巴倫支堡都處於這個峽灣之中。群島上著名的峽灣還有西北部的國王峽灣（也譯作王灣），地處北緯 79°，雖然緯度很高，但溫暖的北大西洋暖流影響那裏的氣候，使之成為動植物的天堂，著名的科考聖地——新奧爾松就在峽灣的南岸，中國北極黃河站也在那裏。群島最長的峽灣是烏德峽灣，在斯匹次卑爾根島的北部，開口向北，直通北冰洋，峽灣長達 108 千米，溝谷狹窄，兩側山峰高聳，是正名的北極觀景地。

地球上巨大的傳送帶與推土機

冰磧物、側磧、終磧、冰川漂礫

又厚又硬的冰川在山谷中前進，它的各種侵蝕作用像巨大無比的推進式刨床在地表肆意進行着各種破壞，那刨出的「刨花」都到哪兒去了呢？告訴你，冰川還是巨大的推土機和搬運工，它把一路上製造出的各種「廢棄物」——大石塊也好、小石塊也罷，以及更細膩的冰川泥，都一股腦地推向了下游，形成了一堆堆、一道道、一片片的堆積。冰川沉積下來的物質被稱為冰磧，冰川學家們就把這些地貌稱為「冰磧堆」、「冰磧壟」、「冰磧堤」……

冰磧物

冰磧中的海洋動物化石

冰磧中的蕨類植物化石

冰磧中的水杉化石

冰磧中的殼斗科植物化石

在冰磧堆上漫步，需要穿厚底登山鞋，最好還要把雪套（Gaiters）戴好。穿厚底鞋的目的很好理解，冰磧物多由碎石頭構成，鞋底過薄，最大的感覺是硌腳，穿雪套的意義並不僅僅防止積雪的滲入，更多的是對付那些惱人的、細膩無比的塵屑鑽入鞋裏和成泥。因為冰磧的特點就是大小石塊和細膩的塵屑混雜在一起，既無分選，也無分層，從幾公斤重的顆粒到微米級的顆粒全部攪在一起，可見冰與岩石粉碎、研磨的力度之大。這些很容易在鞋裏和泥的塵屑也並非無用之材，它們最小的顆粒可小於 10 微米，由於顆粒微小，不少人認為這種細膩度高的冰川泥具有極強的吸附作用，如果用來「泥浴」的話，一定能深入毛孔，帶走深層次的皮膚有害附着物；於是乎，冰川泥和火山泥、死海泥、深海底泥一起，成了「泥漿美容」療法的主要用泥原料，對比後三者，且不說效果如何，冰川泥受到的污染程度顯然是最小的。

在冰磧堆上旅行的時候，有時還會找到化石，斯瓦爾巴群島不少地區都是沉積岩山體，有的岩層中富含化石，而所找到的化石種類，則取決於冰川所侵蝕的層位；如果你找到的是一些菊石、鸚鵡螺，那說明這片冰川曾侵蝕了 2 億年前後的中生代地層。如果你找到的是水杉、木賊、山毛櫸的葉片化石，那麼說明冰川侵蝕過的地層大約是 6000 萬年的新生代早期地層。就目前看，該群島以這兩類化石為多，在朗伊爾城和新奧爾松的博物館等場所，都能看到它們的身影。

側磧和側磧堤

側磧

冰舌的側緣不斷侵蝕着山谷兩邊的谷壁，同時，由於震動和摩擦，山谷側壁還不時有岩屑滾落到冰川邊緣的冰面上，這些大大小小的石塊都被冰川攜帶並堆積在冰川兩側，日久年深，兩側的冰磧物愈堆愈厚，冰川的不斷下移還使它們愈堆愈長，最終在冰川兩側形成了長條形的石塊堆積壟——側磧堤，它們猶如堤壩一般，沿冰川兩側向下游延伸。

側磧堤

終磧和終磧堤

在群島上漫步，只要遇見不入海的山谷冰川，在大多數情況下，會看到一條堤壩狀的大石堆橫亙在冰舌的前緣，這就是終磧堤。一個「終」字，說明了它出現的位置，是在一條冰川結束的地方，冰磧物堆成了一條堤壩。終磧堤也是冰川發育的標誌性參照物。如果終磧堤緊貼着冰舌前緣，呈圓弧狀，開口朝向冰舌，那說明目前這條冰川的消融和補給還是相對比較穩定的，因為目前的它還能源源不斷地攜帶大量被侵蝕下來的物質來到這裏並堆積。如果終磧堤的位置距離冰舌還有一段距離，而冰舌前緣又出現了一座小小堤壩的話，説明這條冰川正在退縮，有的還可以看出它曾經退縮和停頓的次數，這取決於你看到了幾道終磧堤。朗伊爾城南面偏東的地方有一條名字也叫「朗伊爾」的山谷冰川，每次途經小城的時候，都會遠遠望見它高大的終磧堤，曾有幸爬過幾次，大約 30 米高，不高不矮，恰好能作為極地登山前的良好訓練場所。

冰川漂礫

群島西側的一處冰川終磧堤

當然，冰川搬運來的也不止這些破碎的冰磧物，滾落在冰體上的巨大岩塊照舊能坐着這條「低溫輸送帶」安安穩穩地運送到目的地。這些「大乘客」就是冰川漂礫。冰川漂礫的粒徑可達幾米甚至幾十米。搬運距離要視冰川規模的大小，在距離我們最近的大冰期——第四紀冰期時，冰川曾

朗伊爾冰川的終磧堤

經把斯堪的納維亞半島上的大石塊搬運到了千里之外的英倫島嶼。具有一定磨圓度和被冰體擦出「擦痕」的大漂礫，不僅是冰川流行的證據，還可用作測量冰川流向、追索礦床的標識物。

斯匹次卑爾根島北部的一處冰川漂礫

斯匹次卑爾根島西側的一處冰川漂礫

具冰擦痕的漂礫

冰與水，悄悄改變地表的雕塑師

冰楔作用痕跡、倒石錐、冰水扇、石環

冰楔作用痕跡

冰楔作用使岩石「凍裂」

在極地，冰與水的威力無處不在，它們的威力不僅僅靠巨大的冰川向你展示。在斯瓦爾巴群島行走，經常還能看到另一種冰與水的協同作戰，一種能令石頭徹底崩潰的破壞方式——「冰楔作用」。降雪、降雨或冰川表面的凍融，會使與冰體接觸的岩石縫隙中進入水；可別小看這些水，結冰的時候，它會脹，脹的時候會像「楔子」一樣打進岩層的縫隙，使原有的縫隙愈來愈大，岩石可經不起這樣的體積變化，經過反復的凍融，被無

冰楔作用使大石頭變成小石頭

冰楔作用下的山體變得極度疏鬆

冰楔作用令山上到處危岩纍纍

冰楔作用令這裏的石頭「體無完膚」

情地崩解，成為碎塊，碎塊受到風化或撞擊還會產生新的縫隙，新縫隙還會讓更多「楔子」趁機打入，進而形成更小的碎塊。破碎，再破碎，直至粉身碎骨……

在海灘上漫步的時候，經常能看到好好的一塊石頭，碎裂成好幾塊；好好的山體，碎裂得體無完膚，這都是冰楔作用的結果。

倒石錐

朗伊爾城西側的倒石錐

朗伊爾城坐落在一個 U 形谷的谷口，兩側都是不高的平頂山，而在西邊面向城市的那個谷壁，卻顯露出十分詭異的風景。那面谷壁的坡度在 45° 以上，頂層被整齊地切割出一個個倒三角形的缺口，每個倒三角形的下方，總是十分整齊地擺放着一個正三角形的沙石堆。有幾次，我的學生們問我，住在這種山體的下面會不會很危險呀？

其實，那是一種在重力作用下形成的地貌，名字叫做倒石錐，在中國的青藏高原上也有相似的地貌。一般情況下，倒石錐的發生與冰川融水侵蝕、地表凍土反復融化又反復凍結所引起的表層結構鬆散、岩石縫隙內水分凝結融化所引起的「冰楔作用」都有關聯；以上原因造成山體和岩石表面的風化崩解，在發生崩落的時候，由於較大的石塊受重力加速度的作用滾落到倒石錐下方的邊緣方才停止，而較小的碎屑多堆積在倒石錐的頂部，因此形成了三角形的「倒石錐」。至於住在下面危險與否，你看，這樣的倒石錐上已經鋪上了綠色的植物，20 世紀初用來輸送煤炭的塔架也安然架設了上百年，説明它早已不再發育，山坡也早已停止崩塌，對道路和房屋也自然無害。

斯瓦爾巴群島南部的一處冰水扇

穿過冰磧堆的冰川融水河

冰水扇

峽灣是一條伸向內陸的「大海」，在那「大海」的盡頭，有時是一堵藍色的冰牆，而更多的，是一片黃色的淺灘。在峽灣的盡頭漫步，有時走着走着，會走到淤泥、沙灘、鹹水池塘、淡水小溪分隔而成的「迷宮」裏，這時，你可要注意了，你隨時有可能會困在這裏不能自拔。

自從第四紀冰期在史前一萬年左右終結後，群島上的冰川就迎來了它們的消融期，規模小、海拔不高或緯度偏低一些的冰川就一直退縮，有的完全消失。當冰川在快速消融的時候，會有大量的冰水從高高的山上衝擊下來，形成融水河向下游奔流而去，起初還比較清澈，可當河水進入成堆的冰磧物時，大量的泥沙、石塊就會裹挾出來，進入河水，於是這些河流就變得渾濁不堪。我們經常能在某條冰川下游、高大的 U 形谷底，看到一條水流湍急的「黃河」奔流而去。這些融水河在沖出谷口的一剎那，地勢突然變寬，咆哮的融水河便一下泄了勁頭，瞬間化身成無數條小溪，潺潺流入大海，而水中裹挾的那些冰磧碎屑，就在這裏沉積下來，形成了頂端

在空中俯瞰冰水扇

厚、向外逐漸變薄變大變圓的扇形堆積體，由於這樣的堆積體是由冰水帶來的，因此得名：冰水扇。

除淤積的冰磧碎屑堆外，冰水扇還如同河流入海口的三角洲一般，有千萬條猶如掃帚苗般的水流縱橫入海。這裏的水流變化無常，淤泥暗流隨處可見，不時還有北極熊往來覓食，堪稱北極陸地上的危險地帶。

石環

在含水量比較大的凍土苔原上行走時，你有可能會遇到一大片石環。石環可能有圓桌大，也可能會小一些，但形式大同小異，就如同有人刻意將一塊又一塊的石塊擺在濕軟的凍土地上似的。有時，石環會綿延好幾畝。也許你會問：誰會在寒冷荒涼的北極做這麼大工作量的「無用功」？簡直是瘋了！做這種「無用功」的就是大自然。在平緩的冰川下游，既分佈着大量的凍土，也散落着大大小小的石塊，由於石塊和土壤的熱導率不同，在冬季被凍結的速度也各不相同，石塊的熱導率大，首當其衝被凍住的當然是石塊，這時水就會向着石塊的周圍匯聚，並結成冰。水結成冰後體積會膨脹，膨脹會擠開石塊，久而久之，石塊會被排擠到周圍，而水會帶着細小顆粒的土壤、泥沙來到中間。這個過程又叫自然分選，因此，石環也就有了「分選環」的別名。

石環

一個完整的石環

5

斯島風景篇

群島上的自然風光與人文遺跡欣賞

海鳩巢　守在伊斯峽灣的出口處，是伊斯峽灣通往格陵蘭海的大門，是冰把山體挖成了一個特別形象的匙（大勺子）形崖壁，由於崖壁上住滿了厚嘴崖海鳩因此得名。

雄偉的匙形崖面

海鳩巢的匙形崖面

從空中俯瞰海鳩巢

極地蒸汽小火車　遺留在新奧爾松的海邊苔原上，原先是運煤用的，還保存了一小段鏽跡斑斑的鐵軌。

新奧爾松的運煤蒸汽小火車

朗伊爾教堂　在朗伊爾城東側的山坡上，不大，卻是完美的一處文化薈萃之所，每週日上午做禮拜的時候免費開放。要尊重當地的宗教習慣，進去先脫鞋，再脫外衣掛在樓下的衣帽間，輕聲上樓可見一間寬敞的禮拜堂，最裏邊是神壇，正前方是耶穌基督的壁畫，還有燭台等器皿，靠外是幾排椅子，為小鎮上的教徒聽經之所；牧師講經的時候，會給每個人發一本聖經，完事再放回去，講經的時候有時還唱歌，很動聽。靠外間屋陳列着許多自然產物，有當地的煤、鐵礦石、北極熊的標本、海洋動物化石標本等，像個小型的博物館；再靠外是一個小圖書館，隨手可以拿到書籍和雜誌，也是看完之後記得放回原位。小教堂明亮、乾淨、整潔、溫暖、安靜。

斯瓦爾巴博物館　在朗伊爾城，也是不大，只有一間主展廳，但很全面，包括群島上的主要動物標本：北極熊、海象、海豹、馴鹿、北極狐、

教堂外景

歐絨鴨、海鳩、海鸚……體現了很多北極食物鏈方面的知識；植物學方面主要以圖片和展板為主；環境方面的展板也有一些。比較有特色的是，這裏還再現了不少早期移民捕獵、開礦和生活的場景，如：捕鯨人把鯨脂切割成一塊一塊地熬煉；早期獵人用陷阱來捕捉北極狐和北極熊；捉來的小北極熊用鎖鏈拴着，準備隨時販賣給雜技團或雜耍藝人；早期礦工在狹窄逼仄的巷道裏挖煤……當然，也有現代科學對極地的研究進展等。博物館

博物館建築

博物館所展現的北極食物鏈

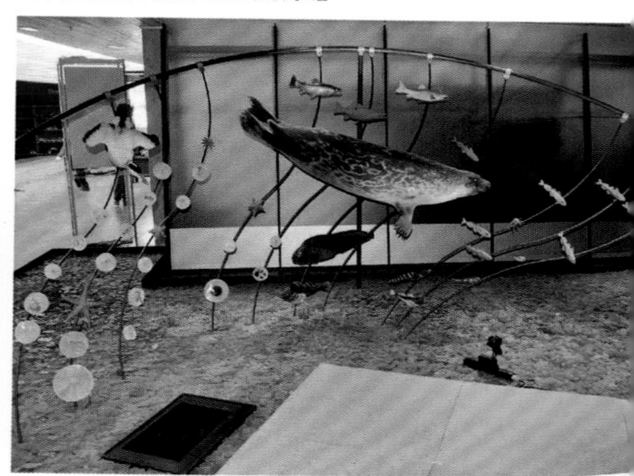

教堂內景

外間展廊是小賣部，可以購買關於斯瓦爾巴群島或北極的書、地圖，也有小化石標本、小工藝品擺件等。

斯瓦爾巴大學中心　就在斯瓦爾巴博物館的隔壁，與博物館同屬一間很怪的大建築裏，外觀像個外星人的飛船。這裏提前預約的話，是可以參觀的，但不能容納太多人進去，裏面有各種教室、實驗室和一間大報告廳，

馴鹿標本

博物館中的鯨模型

大學入口

看看門口的鞋櫃就能知道今天有多少人在裏面上課

大學提供的極地科考裝備（一）

大學提供的極地科考裝備（二）

大學建築外觀

最棒的是這裏向各國極地科研人員提供槍械、科學探險裝備及部分儀器設備等。雖然學校的名字叫大學中心，但沒有本科，這其實是一家研究生院，主要開闢與極地有關的生物、環境、地質等方面的課程，據說還曾經培養過中國藏族同胞。想知道一共有多少學生上課，其實很簡單，數一數門口鞋櫃裏有多少雙鞋就行了。

新奧爾松和中國北極黃河站　在群島王灣裏的科學城——新奧爾松，當地三面環山，北大西洋的暖濕氣流可以從西側的開口吹進來；因此夏季溫暖濕潤，是白頰黑雁傳統的繁殖地，有十幾個國家和國際組織的科考站。中國北極黃河站靠近海岸灘塗，是一座二層的紅色小樓，門口的兩座漢白玉大獅子，為潔淨的北極送來一縷中國風。

新奧爾松是一座「科學城」

從王灣對岸遠眺這座「科學城」

中國北極「黃河站」外景

北極的「一抹中國風」

黃河站的廚房兼休息室

朗伊爾煤礦遺址　曾經是群島支柱產業的煤炭開採，自 20 世紀 60 年代挪威政府的「禁採令」頒佈以來，變得蕭條。如今，這些廢棄的礦井遺址和「空中傳送帶」塔架還在講述着那個整整輝煌了近一個世紀的「採煤盛世」。

礦井遺址

城中的一座煤礦基礎設施舊址

運煤吊斗

海邊的一座「空中傳送帶」塔架

塔架林立

格魯曼特比恩遺址一瞥

格魯曼特比恩遺址一座廢棄的大房子

格魯曼特比恩廢棄小鎮全景

格魯曼特比恩遺址　靠近朗伊爾城的一座採煤小鎮，在伊斯峽灣岸邊，因煤炭的停產而被廢棄，如今這裏是三趾鷗和眾多海鳥的家。

海港遠眺

朗伊爾港　受益於北大西洋暖流的深水港，能停靠大型的萬噸郵輪，夏季各種船隻往來穿梭，是船隻去往極地的補給站和停靠地，是觀賞各種極地探險船、抗冰船、破冰船的好地方。

即將開赴極地的郵輪

一艘停泊在港的破冰船

世界最北郵局　在新奧爾松，不只賣信封、郵票、明信片，也賣各種北極特色的毛絨玩具、冰箱貼、小擺件等旅遊紀念品，門外有桌子，可以坐下來寫信封，然後塞進門口的郵筒裏。

郵局牆上有紅黃相間的郵政標識和紅色的郵筒

世界最北博物館　在新奧爾松，與朗伊爾的博物館不同，這裏的展品比較少（比較有特色的是當地煤層中採集的植物化石），以展板為主，由於地處科學城的原因，展示最新的極地科研進展，環境主題的內容佔據了絕大部分。

世界最北博物館

最新極地科研進展報道

再現當時這裏的採煤情景

新奧爾松的阿蒙森雕像

阿蒙森飛艇飛越北極起點

1926 年 5 月 11 日，人類的又一壯舉在這裏產生——阿蒙森駕駛挪威號飛艇從新奧爾松這架鐵塔前出發，成功飛越北極點，並安全抵達美國阿拉斯加的巴羅角，成功開闢了北極的空中航線。

阿蒙森就是從這座鐵塔前出發的

傷心海峽　在斯匹次卑爾根島東北海岸。在 17 世紀時，捕鯨者偶然發現這裏是「能踩着鯨背跳過海峽」的捕鯨聖地。每年有大量的捕鯨船來到這裏，同時，極地捕鯨也是一項充滿凶險的工作，不少船員、水手長眠於此，因此得名傷心海峽。峽灣西側辟有捕鯨人墓地，皚皚白骨散落其間，供人憑弔。同時，這裏也是一處舊戰場。

傷心海峽遠眺

捕鯨人墓地

墓地上的一塊鯨魚骨骼

古斯塔夫五世地瑞典站　在東北地島西海岸，一座 20 世紀中葉被廢棄的科學考察站，雖然廢棄，卻很整潔，房屋錯落有致，屋外堆着尚未燒盡的煤，旁邊立着鐵鏟，火塘裏的灰堆彷彿才冷下來，好像主人剛剛離去不久。旁邊的高峰值得一爬，可站在山頂俯瞰波光粼粼、水道縱橫的欣洛彭海峽。

瑞典站站區

廢棄的站房

尚未燒盡的煤堆

彷彿剛剛熄滅的篝火

七月十四日冰川（國慶日冰川）　在斯匹次卑爾根島西岸，以法國國慶日命名。冰川前緣可遠距離觀賞冰山的誕生——大冰崩，兩側有厚嘴崖海鳩的巢，峽灣中的冰塊經常被髯海豹作為舒服的睡床。

冰川前緣

棲息在冰川附近的髯海豹

巴倫支堡　在朗伊爾城的西邊，靠近伊斯峽灣的開口處，該堡由僑居在斯島的俄羅斯人建立，基本建築均為 20 世紀 70 年代甚至以前的蘇聯風格，也保存了 20 世紀初葉俄羅斯人剛到這裏建的老式建築和一座木質教堂。近年來，由於大部分僑民撤回國內，整個小城顯得空空蕩蕩，冷冷清清。

巴倫支堡全景

木質教堂

20 世紀後期的建築

列寧像

意大利號救援紀念地　在東北地島北部，具體坐標是北緯 80°28′、東經 19°55′。1928 年 5 月 24 日，意大利人諾比利駕駛飛艇抵達北極點上空，在返航的時候遇到故障，並墜落在冰面上，猛烈的撞擊把艇上的諾比利等 9 個人甩出艇外，並最終墜落在浮冰上，其餘 6 人隨飛艇不知所蹤。諾比利等隨浮冰漂流到斯瓦爾巴群島北部的一座荒島附近，修好了一同掉落在外的收發報機。碰巧，一個蘇聯無線電愛好者於 6 月 3 日收到了他們的信號，蘇聯遂派出破冰船將其救出。這是用淺色岩石組成的一串字符，是俄語記錄這件事情的一句話。

1937 年，納粹德國不僅在歐洲肆意踐踏，他們還把觸角伸向了北極，在同一海灘，他們留下的標記（同樣用淺色石塊擺成字符和 1937 字樣）也在上面。也有些文獻記載他們登陸北極的具體時間是 1938 年，但這個標識的確是 1937 年。

大利號救援紀念所處的海灘

救援紀念，並有 1928 字樣

鳥歌山　在斯匹次卑爾根島的西側，一處靠海的山坡上，有一個冰磧堆，由偏黃和偏灰色的兩種岩石組成，這些石塊之間的縫隙和空洞，被侏海雀長年當做巢穴；由於該地區氣候適宜，地形複雜，以至於數以萬計的侏海雀都選擇這裏為繁殖地。侏海雀喜歡集群在巢區周圍飛鳴，類似於簧片樂器的奏鳴聲，遂被探險者命名為「鳥歌山」，即聽鳥唱歌的地方。

莫芬島海象棲息地　莫芬島是群島西北角的一座島嶼，靠近北緯80°，那裏是傳統的海象棲息地，可以看到許多長牙海象躺在海灘上休息，還有不少海象在附近的洋面上嬉戲覓食。據當地政府規定，任何船隻須在距離莫芬島大陸架以外停船。因此，觀察這個島上的海象，須配備望遠鏡或長焦鏡頭方可觀看到。

莫芬島海象棲息地

海鳥城（海雀山）　斯匹次卑爾根島的東側，是一段矗立在灰色沉積岩基礎上的黑色玄武岩懸崖和石柱群。據統計，大約有 12 萬隻海鳥在這裏棲息，其中大部分是厚嘴崖海鳩，還有一部分三趾鷗和北極鷗，懸崖表面層層疊疊佈滿鳥巢，黑色的崖壁也被鳥糞染成了粉紅色。

黑色的玄武岩懸崖

層層疊疊的鳥巢

高大的石柱和石壁

獵捕北極狐的陷阱　群島各狩獵避難所附近一般都會有一到幾個，雖已廢棄，但當地政府作為歷史遺跡保存了下來，是群島早期拓荒者在這裏生產生活的見證。其原理很像中國兒童裝弶捉鳥，用根木棍支起一個木架，木棍上捆一塊肉，木架上放一塊大石頭，北極狐一拽木棍上捆的肉，木架連同上面的大石頭便拍下來，把北極狐砸在底下，這樣得到的皮毛沒有槍眼。

獵捕北極狐的陷阱

歐亞大陸的森林漂木　在傷心海峽捕鯨人墓地的山腳下，海灘非常寬闊，堆積着不少巨大的原木，隨北冰洋的洋流從沿海的歐亞大陸北部亞寒帶針葉林漂來，就這麼一直放在原地千百年。海灘上還有一棟小屋，那是獵人們就地取材，以漂木為原材料在此建立的狩獵避難所，100 多年來竟然沒有被風和北極熊摧毀。

朗伊爾冰川　在朗伊爾城南側，其融水河谷灌溉並孕育了該城。攀登這個冰川是當地的一個傳統旅遊項目，要先跨過融水河，再登上冰磧堆，最終登上大冰舌，可體驗攀爬山谷冰川的全部環節，是一堂不錯的戶外冰川地質課。

冰川下部難行的冰磧堆

洋流漂來的大木

用漂木建造的避難所

當地嚮導在展示冰磧堆中發現的植物化石

登山者爬上朗伊爾冰川的冰舌部分

冰川遠眺

三女神山

三女神山　非常形象，銀裝素裹的三個女孩頭像，是新奧爾松的標誌。

德克薩斯吧　在斯匹次卑爾根島北側，一個狩獵避難所，以周邊的景色雄奇著稱。不遠的小山上有一塊「飛來石」樣的巨大漂礫被冰川「擺放」在山頂，旁邊還有一片盛開着仙女木的沼澤地，是不少馴鹿覓食的地方。

德克薩斯吧

摩納哥冰川冰舌前緣

摩納哥冰川　在斯匹次卑爾根島北部。一座令人震驚的巨大冰體，其前緣斷面高近百米，且無比寬闊，藍光閃閃，晶瑩剔透。夏日，由於頻繁的大冰崩攪動起海底的魚群，吸引數以萬計的三趾鷗前來覓食，形成規模巨大、世所罕見的「鳥市」。

冰川前緣聚集的海鳥群

摩納哥冰川前緣全景

極地旅遊探險攻略與注意事項

如何來到群島

只要你的護照上有挪威王國（多次進出）的簽證，拿着它買一張飛往朗伊爾城的機票，你的心願就達到了。航空公司不同，轉機地點也有可能不同，以北京出發為例，你拿到的機票可能是北京—阿姆斯特丹—奧斯陸—朗伊爾城，或者北京—法蘭克福—奧斯陸—朗伊爾城，或者北京—赫爾辛基—奧斯陸—朗伊爾城。你會發現，好像無論買哪個航空公司的機票，也繞不開飛往奧斯陸；沒錯，奧斯陸是挪威王國的首都，斯瓦爾巴群島是她的海外領土，飛往朗伊爾城的航班中，最多的就是從奧斯陸起飛的。

風景怡人的奧斯陸市一角

群島的酒店與旅館

在朗伊爾城市中心靠近斯瓦爾巴大學能望到海灘的一處高地上，有一所雷迪森酒店（Radisson Blu Polar Hotel, Spitsberge），客房佔據兩棟樓，四星級，房間在當地算豪華型，早餐絕對一流，正餐既可單點也可自助，自助以海鮮為主，不乏珍貴的龍蝦，重要的是：餐廳靠海的一側可坐在落地大玻璃背後，一邊品嘗餐後的下午茶，一邊欣賞醉人的北極峽灣風景。

雷迪森酒店外景

斯匹次卑爾根酒店（Spitsbergen Hotel）在小城東南方的山坡上，那裏距離市中心步行 5 分鐘即到，也是四星級。從牆上掛着的照片看，似乎挪威王室很喜歡這組極具北歐風格的紅色建築。客房內飾典雅舒適，靠山的一側陽光明媚，可欣賞山坡上的雪景，不時有馴鹿、小北極狐從窗前過往，為寧靜的極地生活更增加樂趣。這裏有很好的自助早餐，正餐一般是三道式的西餐。值得一提的是，這家酒店的休息區多且寬敞，都集中在二層，佈置有絢麗的油畫、舒適的沙發、可供自助娛樂的書櫃和桌球檯，開水、茶包和咖啡也是隨意取用的。

以上這兩家酒店都提供 WiFi。

靠近冰川河上游的山坡上，還有一家特色酒店，叫礦工小屋旅社（Coal Miners' Cabins），距離市中心步行大約 20 分鐘，環境清幽，這個旅社有公共的衛生間，也能提供早餐。雖然正餐不能提供，但該旅社每棟樓的頂層都有一個精巧的自助廚房，住酒店的人，自來水、燃氣和抽油煙機可以

礦工小屋旅社

自助使用，鍋碗瓢盆也一應俱全，當然炊具和餐具都是西式的，調料和食材可以在山下的大型超市裏買到。如果你對客房的豪華程度不那麼在意，或者還會點兒廚藝，那麼住這家旅館應該是性價比很高的了。更重要的是，這裏距離冰川前緣非常近，站在樓前，向北可俯瞰朗伊爾小城全景，向南可望見終年白雪皚皚的大冰川。附近的山坡上常有馴鹿出沒，身旁的冰川融水河整日嘩嘩奏響生命的韻律，這也是在別處很難享受到的快慰。

瑪麗安波拉里格旅社

露營中心

此外，朗伊爾城還有幾家小酒店也各具特色，例如靠近海邊港口處的瑪麗安波拉里格旅社（Mary-Ann's Polarrigg）也是性價比不錯的小旅館。它由一小組木屋構成一個精巧的院落，主人特別富有情趣，在院落裏佈置了人偶、大紅巴士、木帆船等點景雕塑，大門用馴鹿角搭成的大牌樓是當地一景。此外還有貝斯坎普酒店（Basecamp Hotel）、斯瓦爾巴住宿酒店（Svalbard Hotell & Lodge）、豪根斯瓦爾巴旅館（Haugen Pensjonat Svalbard），這些酒店和旅社都在城區，購物和交通都很方便。如果你是背包客或苦行僧一般的行者，連那種簡單到只有床和咖啡的旅館都不需要的話，那我建議你去露營中心，位於城外機場附近的海灘上，你可以在那裏選擇自己心儀的一片海灘紮起帳篷，充分享受曠野的樂趣。

群島的機場與班機

挪威航空公司和北歐航空公司（SAS）的中型客機在此起落，根據季節不同，最多每週 5 次以上由挪威首都奧斯陸或北部城市特羅姆瑟飛來的班機至此，艙位充足。機場至市中心不足 3 公里，機場至酒店間有大巴接送。機場租車點位於旅客到達廳旁邊，從小轎車到悍馬、吉普豐儉由人。

機場行李傳送帶上的「北極元素」——一頭北極熊標本，每日接送往來群島的賓客

候機大廳的落地窗帶給您別樣的「陽光北極」

旅遊季節，北歐航空的班機每日起降

出城帶上槍

儘管朗伊爾城早已成為人類在極地的天堂，北極熊對此地敬而遠之。但隨着全球氣候變化及海冰的退縮，在夏季，饑餓的北極熊也可能會到這裏來碰運氣。因此，每當你想出城到戶外徒步旅行的話，你須由當地持槍嚮導陪同或者參加當地的戶外徒步項目，如冰川穿越等。持槍嚮導可在酒店大堂預約。

參加戶外徒步項目，所攜帶的槍支

根據你的徒步經驗和體能，你可以選擇 3 小時的冰川徒步，嚮導會帶領你越過冰川融水河、登上冰磧堆，最終帶你踏上朗伊爾冰川的冰舌表面。你也可以選擇 6 小時的冰川穿越，即從一座冰川峽谷迂迴到你居住的朗伊爾冰川峽谷中，途中將翻越大冰川。相關項目可在酒店大堂預約。

朗伊爾城附近冰川穿越

冰海郵輪1日遊

小型冰海郵輪會在每日上午 9：00 至下午 17：00 在伊思峽灣中遊弋，上午帶你到附近入海的大冰川前緣去欣賞壯美的冰牆，以及冰山形成的全過程，幸運的話，你將看到大冰崩；中午時分，船上會管你一頓豐盛的 BBQ 烤肉午餐，菜譜大約是烤牛扒、豬扒或魚肉，就一些麵包和蔬菜沙律，佐餐的可能是一小杯用萬年冰泡製的威士忌；下午，他們會帶你去巴倫支堡—— 一個具有俄羅斯風情的北極小鎮，看看那裏的蘇聯時代建築和木質東正教教堂，當然，還有列寧像。船票可在酒店大堂購買。

這種小郵輪有 1 日周邊冰海巡遊項目

斯瓦爾巴群島環島郵輪輕探險

每年的6月、7月、8月是各國極地郵輪雲集斯瓦爾巴群島的盛會。該地區各種航線的輕探險活動都喜歡以朗伊爾城作為出發地或到達地。這些航線大多數以環斯瓦爾巴群島為主，從6月早夏季節的西海岸航線，到7、8月環繞整個群島的航線，或者從朗伊爾城出發，在群島周邊遊弋後前往格陵蘭、揚馬延島、冰島或歐洲大陸的航線，適合於各種人群。純粹的自然愛好者、野生動物觀察者（如賞鳥愛好者、鳥類攝影愛好者）可以選擇環整個群島的航線，因為這條線路可以找到北極的大多數標誌性動物，如北極熊；如果是想欣賞北極各種人文歷史風情及自然風光的旅遊者、人文及風光攝影者，你可以選擇去格陵蘭或冰島的航線，因為從斯瓦爾巴群島去往格陵蘭相當於跨越了兩大洲，地處北美洲的格陵蘭，其自然和人文景觀與斯瓦爾巴群島迥異，而冰島有豐富的火山地貌，是一派極地熱島的景觀。總之，200名乘客以下的郵輪以每日登陸探險和衝鋒舟巡遊為主要遊覽項目；載客量多的大型郵輪以享受其各種豪華舒適的服務項目和遠距離觀賞極地景觀為主，一般不安排衝鋒舟登陸或冰海巡遊項目，只能在朗伊爾城、新奧爾松這樣具有深水碼頭的港口停靠，供您下船觀賞城市及周邊景觀。因此，在選擇北極郵輪產品前，首先應為自己此行目的進行定位，問明詳細情況後再下訂單。

不同大小的極地探險輪

其他極地項目

有觀鳥愛好的朋友可自己去有人居住的海岸自行觀賞棲息在那裏的歐絨鴨、白頰黑雁、北極燕鷗等極地鳥類，也可以請當地鳥導帶你去找難得一見的王絨鴨、紅喉潛鳥或者岩雷鳥，鳥導信息可諮詢你居住的賓館前台。像愛斯基摩犬運動、全地形車、雪地摩托（冬季）這樣的娛樂項目，在城市靠海的馬路旁邊有很多家店在做。至於極地峽灣皮划艇這類有一定技術要求的項目，初學者儘量不要在此嘗試，主要是此地海水冰冷刺骨，一旦落水可不是好玩兒的。

雪地摩托

極地戶外觀鳥

全地形車

愛斯基摩犬運動

購物

市中心廣場北側有全城唯一的大型超市，各色食品，如麵包、肉類、禽蛋、蔬菜、海鮮、乾鮮果品、調料、啤酒、飲料……一應俱全，各式小商品，如日常換洗的內衣褲、毛衣、帽子、手套以及洗髮水、沐浴露等日常產品、小型工具都可以在此購買，你還可以在這裏買到價格便宜的明信片、冰箱貼、北極熊雕塑及帶有北極字樣的各種旅遊紀念品（當然都是大路貨，特色一點兒可以到市中心的購物街上去買）。香煙隱藏在每個款台背後，如想選購，需要向售貨員説明，他會變戲法般拉開裝有各種品牌的抽屜供你選購。

超市商品琳琅滿目

郵局在超市隔壁，開間不大，但可以購買到頗具北極特色的郵票和明信片，並蓋上世界最北城市的郵戳寄往全世界。

市中心有條不足 500 米的步行街，兩側的旅遊紀念品店和戶外用品店鱗次櫛比；尤其是戶外用品，集中了全球許多優質戶外品牌產品，價格較挪威本土便宜一些。請不要購買野生動物毛皮，因為中國是《瀕危野生動植物種國際貿易公約》（又叫 CITES 公約）締約國，這裏出產的海豹、北極狐、馴鹿、北極熊等大多數野生動物毛皮幾乎都在其「附錄」所列受保護的野生動植物名單中，儘管你持正規發票有可能順利出關，但在中國入關時將有可能面臨嚴厲的處罰。

一家大型的戶外用品店

戶外用品一條街

保護地面植物

群島 60% 以上為自然保護區，生長其間的野生動物以及一草一木受挪威法律保護；但即使是非自然保護區，未經許可，任意採集動植物器官和收集地質標本都被認為是非法行為。該島民眾環保意識強，政府執法力度嚴，為保護北極環境，請大家記住：在極地行走，帶走的只有照片，留下的只有腳印。

拍照和行走儘量避免踩到尚在生長的綠色植物

前甲板黃線區域

有序登船

乘郵輪輕探險旅行注意事項

在乘坐抗冰船期間須遵守乘船規定，不得違反規定擅自到工作區、危險區活動。準時用餐和參加集體活動，愛護船上設施，非供遊客使用的設施絕對禁止碰觸（這類設施一般被油漆成明黃色或橙紅色），尤其是船頭前甲板區的黃線區域內不得進入。

在乘坐衝鋒舟登岸時必須聽從船上工作人員的安排，穿好救生衣、水鞋等裝備，分組登船，不得擁擠，登岸時面朝外側離船，沉着有序。

登衝鋒舟前穿好救生衣

正確的下船方式：面朝外側離船

在岸上徒步期間必須嚴格遵守考察時間，在規定的時間內返回最初登陸地點等待衝鋒舟來接。

要尊重北極野生動物和牠們的棲息地；必須嚴格遵守在北極地區不追逐、不接觸、不投餵野生動物的規則；普通遊客不要以任何理由接近野生動物周邊5米範圍內進行攝影或其他活動；避免靠近動物的巢穴，避免踩踏動物的洞穴、蛋或其他地方；不要採集植物和其他自然生長的東西，由於極地的氣候寒冷，許多年植物才能長出1~2厘米，因此一旦被破壞將很難得到恢復。

5米有多遠？成人步伐的5步+1步

不要堆石堆、作標記或在地面留消息，這些可能對其他遊客造成潛在的誤導和危險。不要弄亂或者破壞你發現的石堆，有些石堆可能有重大的歷史意義。不要從北極攜帶石頭返回國內，如果你發現可能有考古價值的石頭，不要移動這些石頭或者在上面紮營。

有些珍貴的歷史遺跡有時就是這樣一圈石頭

行走時儘量減少對地表原貌的破壞，不要隨意踐踏植物，紮營時儘量減少營地面積，減少對自然環境的干擾。避免在脆弱植被周邊紮營，不要在帳篷周圍挖溝或者用石塊修建擋風牆。如果你使用石塊來固定你的帳篷，離開前請放回原來的位置。

請帶走你產生的全部垃圾，不要丟棄，包括食物殘渣和包裝。

在北極郵輪登陸探險期間，不能在岸上大小便，如便意急迫須請安保人員陪同回船解決，必要時可考慮使用紙尿褲。

中國遊客在 5 米以外觀察馴鹿

中國遊客排成整齊的隊伍在北極凍土上行進

結語

說來有趣，這本書的大部分寫作是在最近幾次北極科學探險和考察的去程和回程時，伏在飛機座椅那張窄小的桌板上完成的。雖然在北極的每一天，白晝時間都有 24 個小時（我是進行夏季工作的），但從來沒有感覺過冗長，彷彿從沒有夠用的時候似的——總有那麼多、怎麼做也做不完的工作，回到駐地或船上，只剩下呼呼大睡了。而這本書最後的文字部分，

即前言、結語、附錄、有關風景部分的寫作和校勘，卻是在跨越南極洲的羅斯海、阿蒙森海、別林斯高晉海和穿越西風帶的漫長航行中完成的；因為在航行中很少能看到動物，並且在遠離大陸的地方也難以看到任何稱得上風景的東西，而寫作，恰恰能趕走令人煩惱的暈船。因此，在極地做野外工作，在交通工具上寫作，用極其有限的時間回家陪親人，成為這幾年的基本生活方式。

這些年，幾乎把每個北半球的夏季都獻給了可愛的北極，在對兩極的認知過程中，得到了不少同船考察的師長和朋友們的熱心指教，其中在極地環境和古植物方面，要特別感謝中國科學院植物研究所李承森研究員；在極地冰川與冰川地貌方面，要特別感謝中國科學院青藏高原研究所丁林研究員；在植物生理與生態方面，要特別感謝兩次同船考察的首都師範大學趙琦教授；在極地地衣與苔蘚植物方面，要特別感謝中國科學院新疆生態與地理研究所管開雲研究員；在極地高等植物的鑒定與名稱使用方面，要特別感謝中國科學院植物研究所林秦文博士；在冰物理方面，要特別感謝兩次北極同船考察的大連理工大學李志軍教授；在動物分類和標本採集方面，要特別感謝與我經歷南極、北極考察的中國科學院動物研究所張春光研究員；海洋浮游生物標本、樣品的採集技術，得益於中國極地研究中心專家、中國北極黃河站當屆站長張芳女士；在動物中文名稱使用方面，要特別感謝華東師範大學張樹義教授，我遵守了咱們在船上的約定，把海雀科 Uria 屬的鳥類稱為「海鳩」，希望我們的努力能避免將來名稱使用混亂……總之，需要感謝的人太多太多，特別是與我在冰天雪地裏一起摸爬滾打、無私奉獻支持我的親密戰友，冰冷的極地有你們與我在一起，我的內心感到無限的溫暖……

2017 年 3 月 1 日

南極羅斯海即將經過國際日期變更線時完稿

附錄　北極動植物圖譜

動物 ANIMAL

北極熊

分類信息：食肉目 / 熊科
拉丁學名：*Ursus maritimus*
英文名：Polar Bear
中文別名：白熊

北極狐

分類信息：食肉目 / 犬科
拉丁學名：*Alopex lagopus*
英文名：Arctic Fox
中文別名：白狐、藍狐

海象

分類信息：食肉目 / 鰭腳亞目 / 海象科
拉丁學名：*Odobenus rosmarus*
英文名：Walrus
中文別名：海馬

髯海豹

分類信息：食肉目 / 鰭腳亞目 / 海豹科
拉丁學名：*Erignathus barbatus*
英文名：Bearded Seal
中文別名：髭海豹、鬍子海豹

環斑海豹

分類信息：食肉目 / 鰭腳亞目 / 海豹科
拉丁學名：*Phoca hispida*
英文名：Ringed Seal

格陵蘭海豹

分類信息：食肉目 / 鰭腳亞目 / 海豹科
拉丁學名：*Phoca groenlandica*
英文名：Harp Seal
中文別名：豎琴海豹、鞍紋海豹

馴鹿（斯瓦爾巴群島亞種）

分類信息：偶蹄目 / 鹿科
拉丁學名：*Rangifer tarandus platyrhynchus*
英文名：Reindeer

藍鯨

分類信息：鯨目 / 鬚鯨亞目 / 鰮鯨科
拉丁學名：*Balaenoptera musculus*
英文名：Blue Whale
中文別名：剃刀鯨

長鬚鯨

分類信息：鯨目 / 鬚鯨亞目 / 鰮鯨科
拉丁學名：*Balaenoptera physalus*
英文名：Fin Whale

白鯨

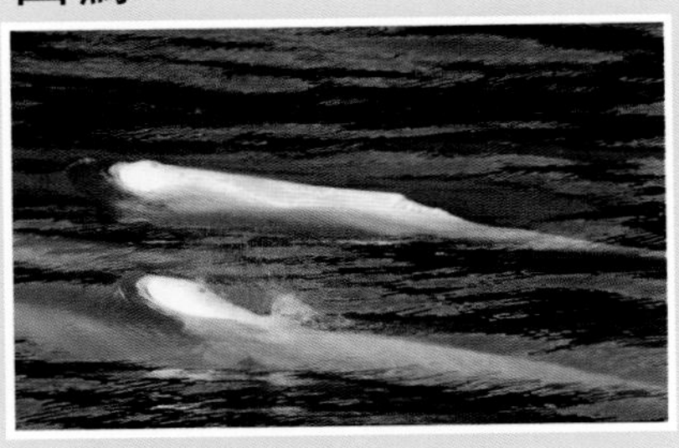

分類信息：鯨目 / 齒鯨亞目 / 一角鯨科
拉丁學名：*Delphinapterus leucas*
英文名：Beluga

白頰黑雁

分類信息：雁形目 / 鴨科
拉丁學名：*Branta leucopsis*
英文名：Barnacle Goose
中文別名：藤壺鵝、北極鵝

黑雁

分類信息：雁形目 / 鴨科
拉丁學名：*Branta bernicla*
英文名：Brent Goose

粉足雁

分類信息：雁形目 / 鴨科
拉丁學名：*Anser brachyrhynchus*
英文名：Pink-footed Goose
中文別名：粉腳雁

王絨鴨

分類信息：雁形目 / 鴨科
拉丁學名：*Somateria spectabilis*
英文名：King Eider

歐絨鴨

分類信息：雁形目 / 鴨科
拉丁學名：*Somateria mollissima*
英文名：Common Eider
中文別名：棉鳧

長尾鴨

分類信息：雁形目 / 鴨科
拉丁學名：*Clangula hyemalis*
英文名：Long-tailed Duck

紫濱鷸

分類信息：鴴形目／鷸科
拉丁學名：*Calidris maritima*
英文名：Purple Sandpiper

黑腹濱鷸

分類信息：鴴形目／鷸科
拉丁學名：*Calidris alpina*
英文名：Dunlin

灰瓣蹼鷸

分類信息：鴴形目／瓣蹼鷸科
拉丁學名：*Phalaropus fulicarius*
英文名：Grey Phalarope

劍鴴

分類信息：鴴形目／鴴科
拉丁學名：*Charadrius hiaticula*
英文名：Common Ringed Plover

北極燕鷗

分類信息：鴴形目／鷗科
拉丁學名：*Sterna paradisaea*
英文名：Arctic Tern

三趾鷗

分類信息：鴴形目／鷗科
拉丁學名：*Rissa tridactyla*
英文名：Black-legged Kittiwake

北極鷗

分類信息：鴴形目 / 鷗科
拉丁學名：*Larus hyperboreus*
英文名：Glaucous Gull

白鷗

分類信息：鴴形目 / 鷗科
拉丁學名：*Pagophila eburnea*
英文名：Ivory Gull
中文別名：象牙鷗

短尾賊鷗

分類信息：鴴形目 / 賊鷗科
拉丁學名：*Stercorarius parasiticus*
英文名：Arctic Skua
中文別名：北極賊鷗

大海雀（已滅絕）

分類信息：鴴形目 / 海雀科
拉丁學名：*Pinguinus impennis*
英文名：Great Auk
中文別名：大海鳩

厚嘴崖海鳩

分類信息：鴴形目 / 海雀科
拉丁學名：*Uria lomvia*
英文名：Thick-billed Murre
中文別名：厚嘴崖海雀、厚嘴海雀、厚嘴海鴉

北極海鸚

分類信息：鴴形目 / 海雀科
拉丁學名：*Fratercula arctica*
英文名：Atlantic Puffin
中文別名：海鸚

侏海雀

分類信息：鴴形目 / 海雀科
拉丁學名：*Alle alle*
英文名：Little Auk

白翅斑海鴿

分類信息：鴴形目 / 海雀科
拉丁學名：*Cepphus grylle*
英文名：Black Guillemot

紅喉潛鳥

分類信息：潛鳥目 / 潛鳥科
拉丁學名：*Gavia stellata*
英文名：Red-throated Diver

暴風鸌

分類信息：鸌形目 / 鸌科
拉丁學名：*Fulmarus glacialis*
英文名：Northern Fulmar
中文別名：暴雪鸌

雪鵐

分類信息：雀形目 / 雀科
拉丁學名：*Plectrophenax nivalis*
英文名：Snow Bunting

岩雷鳥（斯瓦爾巴群島亞種）

分類信息：雞形目 / 松雞科
拉丁學名：*Lagopus muta hyperboreus*
英文名：Rock Ptarmigan

植物 FLORA

極柳

分類信息：金虎尾目 / 楊柳科
拉丁學名：*Salix polaris*
英文名：Polar Willow
中文別名：北極柳

無莖蠅子草

分類信息：石竹目 / 石竹科
拉丁學名：*Silene acaulis*
英文名：Moss Campion

北極蠅子草

分類信息：石竹目 / 石竹科
拉丁學名：*Silene involucrata subsp. furcata*
英文名：Arctic White Campion
中文別名：燈籠花

北極卷耳

分類信息：石竹目 / 石竹科
拉丁學名：*Cerastium arcticum*
英文名：Arctic Mouse-ear Chickweed
中文別名：鼠耳草

山蓼

分類信息：石竹目 / 蓼科
拉丁學名：*Oxyria digyna*
英文名：Mountain Sorrel
中文別名：腎葉蓼

珠芽蓼

分類信息：石竹目 / 蓼科
拉丁學名：*Polygonum viviparum*
英文名：Knotweed

挪威虎耳草

分類信息：虎耳草目 / 虎耳草科
拉丁學名：*Saxifraga oppositifolia*
英文名：Purple Saxifrage

叢生虎耳草

分類信息：虎耳草目 / 虎耳草科
拉丁學名：*Saxifraga caespitosa*
英文名：Tufted Saxifrage

零餘虎耳草

分類信息：虎耳草目 / 虎耳草科
拉丁學名：*Saxifraga cernua*
英文名：Drooping Saxifrage

黃花山虎耳草

分類信息：虎耳草目 / 虎耳草科
拉丁學名：*Saxifraga aizoides*
英文名：Yellow Mountain Saxifrage

雪線虎耳草

分類信息：虎耳草目 / 虎耳草科
拉丁學名：*Saxifraga nivalis*
英文名：Alpine Saxifrage

硬莖虎耳草

分類信息：虎耳草目 / 虎耳草科
拉丁學名：*Saxifraga hieraciifolia*
英文名：Hawkweed-leaved Saxifrage

北極寬萼虎耳草

分類信息：虎耳草目 / 虎耳草科
拉丁學名：*Saxifraga platysepala*
英文名：Polar Stoloniferous Saxifrage
中文別名：蜘蛛花

山羊臭虎耳草

分類信息：虎耳草目 / 虎耳草科
拉丁學名：*Saxifraga hirculus*
英文名：Yellow Marsh Saxifrage
中文別名：山羊臚虎耳草

北極罌粟

分類信息：毛茛目 / 罌粟科
拉丁學名： *Papaver dahlianum*
英文名：Svalbard Poppy
中文別名：斯瓦爾巴罌粟

仙女木

分類信息：薔薇目 / 薔薇科
拉丁學名：*Dryas octopetala*
英文名：Mountain Avens

北極委陵菜

分類信息：薔薇目 / 薔薇科
拉丁學名：*Potentilla hyparctica*
英文名：Arctic Cinquefoil

美委陵菜

分類信息：薔薇目 / 薔薇科
拉丁學名：*Potentilla pulchella*
英文名：Tufted Cinquefoil

純白羊鬍子草

分類信息：禾本目 / 莎草科
拉丁學名：*Eriophorum scheuchzeri*
英文名：Arctic Cottongrass
中文別名：北極棉

高山早熟禾

分類信息：禾本目 / 禾本科
拉丁學名：*Poa alpina*
英文名：Alpine Meadow-grass

短葉羊茅

分類信息：禾本目 / 禾本科
拉丁學名：*Festuca brachyphylla*
英文名：Alpine Fescue

北極看麥娘

分類信息：禾本目 / 禾本科
拉丁學名：*Alopecurus magellanicus*
英文名：Polar Foxtail
中文別名：狐尾草

高山髮草

分類信息：禾本目 / 禾本科
拉丁學名：*Deschampsia alpina*
英文名：Alpine Tussock Grass

多變地楊梅

分類信息：禾本目 / 燈心草科
拉丁學名：*Luzula confusa*
英文名：Northern Wood-rush

雪毛茛

分類信息：毛茛目 / 毛茛科
拉丁學名：*Ranunculus nivalis*
英文名：Snow Buttercup

硫毛茛

分類信息：毛茛目 / 毛茛科
拉丁學名：*Ranunculus sulphureus*
英文名：Sulphur Buttercup

雪線葶藶

分類信息：十字花目 / 十字花科
拉丁學名：*Draba nivalis*
英文名：Yellow Arctic Draba

挪威葶藶

分類信息：十字花目 / 十字花科
拉丁學名：*Draba norvegica*
英文名：Norwegian Draba

四棱岩鬚

分類信息：杜鵑花目 / 杜鵑花科
拉丁學名：*Cassiope tetragona*
英文名：White Artic Bell-heather
中文別名：北極石南

硬毛馬先蒿

分類信息：唇形目 / 玄參科
拉丁學名：*Pedicularis hirsuta*
英文名：Hairy Lousewort

北極濱紫草

分類信息：唇形目 / 紫草科
拉丁學名：*Mertensia maritima*
英文名：Oysterplant

北極石杉

分類信息：石鬆目 / 石杉科
拉丁學名：*Huperzia arctica*
英文名：Polar Fir Clubmoss

北極博物筆記

揭開斯瓦爾巴群島的神奇面紗

作者
段煦

責任編輯
Catherine

美術設計
Nora

排版
劉葉青

出版者
萬里機構出版有限公司
香港鰂魚涌英皇道1065號東達中心1305室
電話：2564 7511
傳真：2565 5539
電郵：info@wanlibk.com
網址：http://www.wanlibk.com
http://www.facebook.com/wanlibk

發行者
香港聯合書刊物流有限公司
香港新界大埔汀麗路 36 號
中華商務印刷大廈 3 字樓
電話：2150 2100
傳真：2407 3062
電郵：info@suplogistics.com.hk

承印者
中華商務彩色印刷有限公司
香港新界大埔汀麗路 36 號

出版日期
二零一九年十一月第一次印刷

ISBN 978-962-14-7125-3